あのころ、今、これから…

鮫島純子

小学館

あのころ、今、これから…

もくじ

アマチュアのパワーが詰まった絵本

対談　永 六輔×鮫島純子

「親と子」「夫と妻」など、家族の関係を語って好評な永六輔さんと、家族の役割、子供たちへの教育や伝えたいこと、生と死について話し合いました。

永　この間、野坂昭如《のさかあきゆき》さんと「幸か不幸かは別にして、僕たちはいろいろな時代を体験した世代」だと話していたんです。日本の戦前、戦中、戦後の暗いところ、さらに経済大国になるところも見届けてきました。この百年近く、僕はもうすぐ七十歳なので七十年で区切ったとしても、今までの人類の中でこんなに起伏のある七十年の人生を過ごしている世代はないと思う。野坂さんは、妹を自分の腕の中で飢《う》え死にさせています。今は、孫がご飯を余らせて捨てています。この両方を知っている世代。だから、この本の絵や文章が、自分の体験とぶつかります。

鮫島　私は、永さんより十歳年上、大正生まれです。確かに、おっしゃるようにいろいろな経験をしました。この本は、もうすぐ始まる新しい世紀に、今までの私の経験で役に立つことがあったら、ピックアップしようという思いでまとめました。たぶん、共感しないだろうな、と期待せずに私の二十代の孫たちに見せたら、「案外いいね」って言うんですよ。私の思いは、若い人にも伝わるなと確信しました。

永　さらに、これが、デッサンの上手《うま》い下《へ》手《た》を通り越した、アマチュアの持っているパワーで描かれた絵ですからね。つまり、「伝われー!」という強い思いで描いているから、本当に伝わるんです。

鮫島　描き直そうとすると、良くないの。最初のインパクトがなくなっちゃうんです。

家族の中で、祖父母の役割を見直そう

永　最近の子供の犯罪を考えると、親と子ばかりが批判されていますけど、おじいさん、おばあさんの存在がもっと重要視されるべきです。そうかと思うと、濃すぎることもありますが。家族の中で、世代別の上手な役割分担ができていないんです。この本を拝見したとき、「おばあちゃんがすべき、役割分担の理想的な仕事だな」と思いました。

鮫島　家族の役割分担ってどういうことですか?

永　家族の形態が変わってきました。今までは親子三代。今は、ふつう四代で、長寿の方は五代。それに、子供の人数が減って、きょうだいも少なくなった。一人っ子も増えました。今まで体験したことのない家族構成だから、家族の中でそれぞれの役割分担を考え直したほうがいいと思います。

永 六輔（えい ろくすけ）

1933年、東京浅草に生まれる。現在は、全国各地で講演、ラジオ番組、本の執筆など多忙な毎日を送っている。著書に『大往生』『親と子』『夫と妻』（岩波書店）など多数。

特に、おじいさん、おばあさんの孫に対する役割をもっと評価すべきです。逆におじいさん、おばあさんは怠けずに、孫や曾孫《ひまご》に対して、親とは違う見方や切り口で物を伝えていかなければいけない。ところが最近の親たちには、都合よく預ける場合を除いて孫から祖父母を遠ざけている親がいます。

鮫島　遠ざけているとは?

永　おじいさん、おばあさんに育てさせない、触らせないっていう親がいっぱいいるんです。ラジオをやっているとそういう苦情が多いです。

鮫島　最近、孫が「私の小さいときおばあちゃんが話してくれたこと、まだ覚えているよ」って言うんです。小さい子供のころのことでも、きちんと覚えてるんですね。うれしさと共に、子供だからって気は抜けないなと思いました。孫たちは、今でも私に対して一目置いているようですよ。

永　鮫島さんちのおばあちゃんが孫たちに描き残したものが刺激になり、「私だったら孫にこう伝えよう」と読者が知恵を絞れば、とても意味のある本になりますね。

鮫島　初めは、絵をカラーコピーして、友人にプレゼントしていたんです。そしたら、「孫に言いたかったことが描いてある。孫にあげるわ」っておっしゃった方がいました。

永　いかに、怠けているじじいとばばあが多いか!　怠けている年寄りはじじいとばばあでいいんです。怠けてない人は、おじいさんとおばあさん(笑)。皆、あきらめているんです。親に対する気遣いもあるかもしれないけど、つまり「孫は私たちとは違う」と思っている。とんでもない話でね。孫は、おじいさんとおばあさんがいるから生まれてくるもので、親が勝手に作るものではないんです。

足りない役割は皆で補う

永　家族の中で、おじいさん、おばあさんの持っているものを、孫にどう伝えるかを見直してほしいですね。どうも、最近、お小遣いやプレゼントだけで伝える人が多いようだけど。

鮫島　それは、愛情表現としてちょっと違いますよね。

永　小さなことでもいいから、家族の中で、「これは私の仕事」というものをどれだけ残していくか。特に、最近、お母さんが働いている家庭が増えていますから、子供たちへの配慮で両親では足りないところを、おじいさん、おばあさん、また、ひいおじいさん、ひいおばあさんがいかに補っていくか、真剣に考えないといけないと思います。例えば、親と子の語り合う時間が平均一日七分というデータも出ています。

鮫島　ええっ、七分!?

永　「起きなさい」「いってらっしゃい」「ご飯は?」、この手の会話を足すと七分にしかならないんですって。子供が、学校であったことや友達のことを話す時間も含めて七分なんて、ありえないですよね。でも、もし、お母さんが働いていてくたびれていたり時間がない場合は、おばあちゃんたちに頑張ってもらいましょう。時代と共に、生活スタイルは変わっていきます。それを昔に戻そうというのは無理な話で、だからこそ、その家族ごとに、それぞれの役割分担を決めることは、これから大切なんです。何が足りなくて、それを誰が補うのか。

鮫島　うちの孫は、親と意見が食い違うと、私のところに来ることがあります。「お母さんにこんなことを言われた」と言うから、「お母さんはこんな気持ちで言ったのでは」と話すと、孫も納得して帰ります。孫と一緒に「それはお母さんひどいわね」と言っては駄目ですね。お互いに良い所を尊重し合うのが、役割分担の第一歩になりますね。

永　子供が、おばあさんと仲良くなると、若い母親がそれを妬《ねた》んだりするケースってよくあるんですよ。だからこそ、家族の役割分担を決めないといけない。

刃物もマッチも禁止しない教育を

永　今の子供たちは、刃物を使って人を切ったりしているけれど、僕らは子供のころから刃物を持っています。いちばん言われたのは、研《と》げってこと。刃物が錆《さ》びていたら叱られました。刃物は研げば、当然、恐ろしいのもわかるし、怖いのもわかる。でも、美しくて、優しいこともわかる。今は、刃物を持たせない教育。でも、僕は「持っていいから、研ぎなさい」って言いたい。

鮫島　マッチを持たせない母親がいるけれど、マッチの便利な面、危ない面の両方を教えておいてあげればいいですよね。

永　今、刃物を取り上げられている子供たちは、刃物を持ったら切ったり刺したりしますよ。もちろん、子供たちをとりまく環境の問題もありますけど、我々が子供のころに、刃物の研ぎ方を含めて、どんな風に育ってきたのかを教えていないのも問題かもしれません。また、本の話に戻るけど、この本を紙芝居みたいにして、孫たちに話して聞かせてあげるといいですね。「当時はこんな風だった」とか「イヤ、私のときはこうだった」とかね。

鮫島　そうですね。イラストのカラーコピーを差し上げた人で、親子三代で話すときの話題作りにされているということも聞いたことがあります。

永　僕は、仏教も神道も関係なく、家族の中で伝えるべきことが、宗教だと思うんです。漢字を見てみると、宗は「ウカンムリに示す」と書きます。つまり、うちの中（宀《ウカンムリ》）で示す教えが宗教ということになりますね。だから、おじいさん、おばあさんが孫に伝えることは大切なんです。

生命と死について、家族で話す

鮫島　『大往生』を読みまして、深刻な本かと思ったらゲラゲラ笑っちゃって……。いろいろなことを教えてもらいました。

永　あれは下町の話。下町では真面目な話を真面目にしない。おかしくても中身が崩れなければいいんです。

鮫島　私は、主人を自宅で見送りました。最後まで、本人が「自然死する」と言うから、主人の意思を尊重して協力しました。

永　鮫島さんの世代だとご存じだと思いますが、先日、ターキー（水の江滝子）さんのところに遊びに行ったら、「八十八歳でいよいよ死にそうだから、葬式をどうするか打ち合わせをしたい」と、本人が言うんですよ。数年前にした生前葬は、僕が葬儀委員長だったんですが。

鮫島　私、松竹少女歌劇を、毎月欠かさず見に行きました。「ターキー！」って声援を送ったりして。本当に、きれいでした。

永　少し、やせましたが、今でもスター性は変わりませんよ。鮫島さんはまだお若いけど、ご主人を見送ったとしたら、こういう話をしても仕方ないですよね。それで、ターキーさんが「お墓は嫌い」と言うから、「じゃあ、散骨ですね」「どうやってするの？」「骨のままではいけないから、粉末にします」って……。

鮫島　乳鉢か何かで……。それともミキサーにかけたらどうかしら。

永　鮫島さんは、こういう話を、いい意味で楽しめる人ですね。ターキーさんも、僕がためらっていると、粉にしてどうやって撒《ま》こうかということまで、サッパリ話すんですよ。

鮫島　私は、平気なほうですよ。肉体と魂は別のものだと分けて考えていますから。

永　今の子供たちは、生命についてとても弱い。虫一匹死んでも大騒ぎになっちゃう。うちの孫も、テレビのコマーシャルでゴキブリがバタバタと死ぬシーンでも、パッと目をそらしますね。つまり、生命の死にかかわりたくないの。僕は、実家が寺だったから、『大往生』でもおわかりのように死ぬ話がさほどいやじゃない。

鮫島　うちは、主人がいよいよダメだというときに、本人を交えて、私、息子、嫁、孫で話をしました。

永　それが宗教なんですよ。うちの中で、示す教えです。

伝えられることは必ず伝えよう

鮫島　私は、死に対して、恐怖、不安、忌《い》み嫌うということはないです。

永　それはご立派です。でも、昔からではないでしょう？

鮫島　四十年くらい前からですね。毎朝、仕事に出かける主人を送るときに、これで今日会えなくなることがあるかもしれない覚悟はありました。

永　大正生まれの方は、戦争の経験をされているからですね。

鮫島　そうですね。

永　本当に帰ってこないかもしれない、その感覚は、十歳下の僕らの世代だと、「あ、そうかもしれない」って思うけど、僕らの子供の世代だと、夫を送り出すときに妻が「これで会えないかもしれない」なんて、絶対思わない。携帯電話ですぐ呼び戻しちゃう（笑）。時代が変わって伝わらないことがあります。だからこそ、伝えられるものは伝えないといけない。おじいさん、おばあさんは、もっとおしゃべりになりましょう。話すのが苦手な人もいますけど、黙っていては世の中は変わりません。

鮫島　話すのが苦手な人は、この本を活用してくださればうれしいですね（笑）。

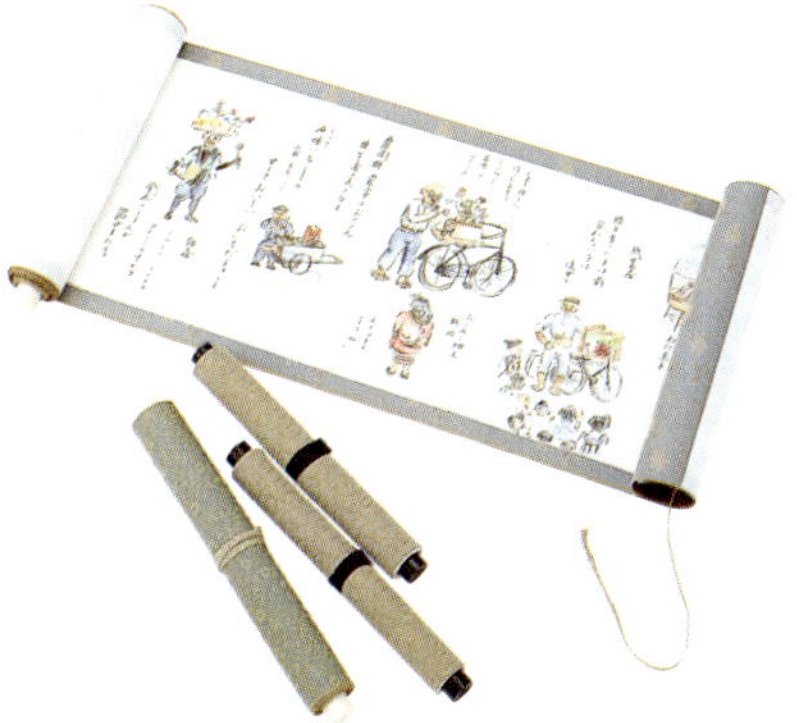

この本が生まれるきっかけになった巻物です。余った障子紙に描いた絵を、テーマごとにまとめました。

今どきのおかしなファッション　意地悪記録

ガングロ、ヤマンバ、厚底サンダル……。
若者から老人まで、街で見かけた人たちについて、
一緒におしゃべりしましょうよ。

男のコたち

長髪
後ろ姿一見女の子？

ジーパンの裾を
裂いたようなズボン
ポケットに手を突っ込んで

ペタペタ
と草履風
サンダル

大きなズダ袋

茶髪の根元に
新しい黒い毛が
生えたりして……

ズボンを
腰骨までずらしてはくのも
ファッションだそうな

女のコたち

寝起きさながらの
モジャモジャのヘアスタイル

年頃というのに
膝のぬけた
破れジーパン

超高層サンダルでは歩きにくいのか
膝を曲げ、腰を引いて歩く
バランス上、顎《あご》は前へ出る
全身プロポーションを一度鏡に映してみてネ

はじめに

東京に生まれ育って今年で七十八年。大正生まれの私は、街で見かける若い人たちを、エエッ！とか、ウワァー！とか驚きと興味の入り交じった思いで眺めています。戦争をはさんで、見つめてきた街の人々の服装は、何と変わったことでしょう。

そんな今どきの人々を見た新鮮な驚きを、病気で療養中の夫に話して聞かせましたが、絵に描いて見せるほうが早いと思いつきました。

そこで、家にあった障子紙を持ちだして、夫にどうにかして伝えたい気持ちで、筆を下ろしたのが始まりでした。障子の張り替えどきに枠のサイズに合わせて切り落とした余り紙、もったいなくて捨てられなかったものが、たくさん残っていたのです。

夫が面白がる様子に気を良くして、巻物風に、次々描いていくと、自分自身も興にのって、印象に残っているあれこれが、

お腹がチラチラ
見えるのも
ファッションのうち

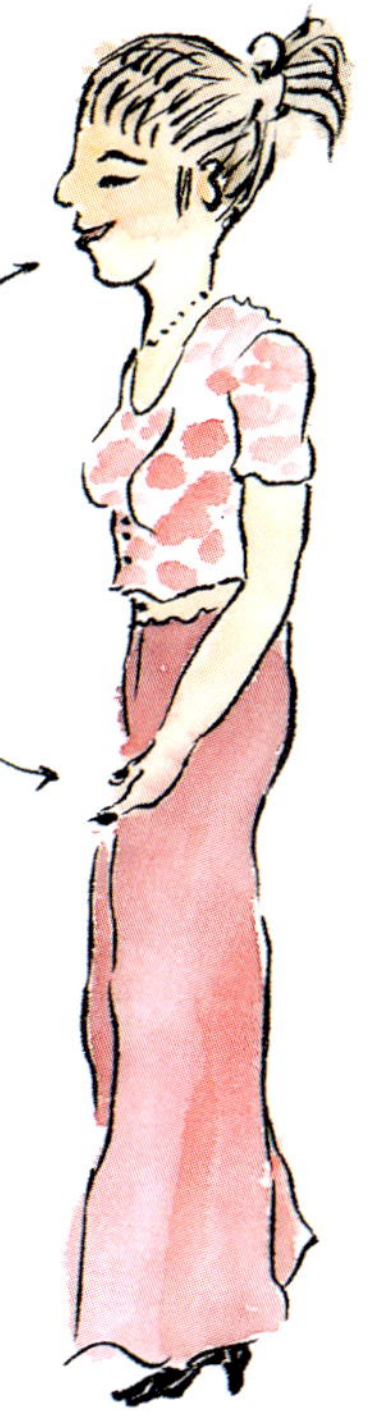

階段をお掃除してくれる
なが〜いパンツ
かと思うと
ハラハラさせられる
マイクロミニスカート

ネイルアート
ガングロ
ヤマンバ
ですって

一昔前なら
同情されるご面相も
個性的なお化粧で
チャーミング(!?)に。
自信をもって
街を歩く
明るくて
結構、けっこう
どこか
あどけなさが残る

一気に胸のうちからあふれるように、障子紙の上に躍り出ました。「今どきの若い人ときたら……」といった意地悪な目でチクリチクリ記録するつもりでいたのですが、並べているうちにどれもこれも自分の分身のような気がして、なんとなく愛しく、またいじらしく思えてくるのも不思議でした。

また、長い人生をすごされた、大先輩方も描きたくなりました。

悲しいことや辛い目を乗り越えられたノウハウや、苦しんでいる人の気持ちになって考えられる年齢の輝きを思ったりしながら、まるくなった背中や、「く」の字に曲がった膝の線を、ほのぼのとした気持ちで描きすすめました。

私たち世代は、なるべくみんなとかけ離れたことのないように「常識」というレールにのせられて育ってきました。

敗戦とともになにが常識なのか、指針を失ってうろうろしているうちに、世間をアッと驚かせて目立ちたい戦後の世代が、世間体《せけんてい》お構いなしに日本を変えていきました。

ティーン

ルーズソックスも
一人や二人でいると
なかなか可愛い
でもネ
全部が全部
右へならえは
ちょっと異様

結婚

「実は出来てしまったので決心しました」
——順序が逆

昔なら
驚き呆れることを
明るく何の屈託もなく発表

ウエディング・セレモニーに
憧れての結婚かいナ
堅実な家庭をどうぞ!

若いママさんたち

ざん切り髪

バランス上
上着は短い

スニーカー

体形がかくせる
くるぶしまで長い
デニムは重いから
裾は切りっぱなし

街でも、テレビの映像の中でも、かつて欧米の文化人が来日して、大いに魅力に感じたという、日本女性の慎ましさ、奥ゆかしさ、羞《は》じらいといった特徴に、このごろお目にかかれないのは淋しいことです。抑圧された作りものの自分をかなぐり捨てて、自己表現できる自由は、ありがたいことだと思いますが……。

でも、はき違えて、妙齢の女性が人目もはばからず、歩きながら物を食べたり煙草をふかしたり、寝静まった夜道を集団で嬌声をあげながら移動したり……。つい、かつての日本女性の姿と比較してしまいます。注意してくれるはずの母親たちも、「古いと言われるかしら」とためらう気持ちもあって、そんな役目を自信なげに放棄したようでした。

「お行儀」という言葉が死語になっている、自らの姿に気づくことがあります。小笠原流の優美さまでは無理だとしても、あるいは茶道の家元の宗匠の御点前とまではいかなくとも、美しく身についた慎ましい物腰を、かつては、一般女性の仕草の中に、日常目にすることができました。

現代の競争社会、スピード化の中で、取り戻して残したいと思うのは無

ミニスカートが流行れば
いっせいに……
長いスカートが流行《はや》れば
また、いっせいに……

娘気分のままのママさん
娘とペアルックのシャツ
一人でいると誘惑されそう
ジーパンの折り返し
すべて計算のファッション?

シースルーコート大流行

お肉の豊かなおばちゃんも
骨皮筋《ほねかわすじ》の奥さまも
シースルーの長いコートで
自信のない体形を
一応かくしたつもり……
で、あ～んしん

理というものでしょうか。

　昔から伝えられてきたものが、「すべて良い」と頑固に言いたいのではありません。不自由な中で不満をもらさず、先祖代々のやり方を受け継いで伝えてきた親たちに育てられた私たちも、時間的、経済的、労力的損得勘定で、「便利がなにより」という物差しで判断し、いつの間にやら大事なものまで削《そ》いできてしまったような気がいたします。描いているうちに、突き放した目、批判的な思いとは違った、絵の中の人と同じ体温を感じているのに気がつきました。

　私も、いつの間にか電車で席を譲られるそれなりの見かけになりましたが、年ばかり重ねただけで、果たして敬老の日を祝っていただけるほどの内容になっているのかしら、とも思います。私にできることはなにかを考えました。

　これからスタートする二十一世紀を、どんなものにしたいのか……。

　自分たちにとって懐かしい時代のどんなところに郷愁を覚えるのか。

長寿世界一の日本
平均寿命＝女性は八十三・八二歳

（平成九年　厚生省調べ）

あれまぁ　お元気だこと！
五十、六十は言うに及ばず
七十になればますますトレーニング
いつまでも健康で……

家族に迷惑
かけたくないからネ

八十～九十歳代

外反母趾《がいはんぼし》だって靴ははかなきゃ
やわらかいEEEのくつデス
上から下まで一式
巣鴨ギンザでそろう便利さ

長い和服人生を
洋服に切り替えたものの
裾と襟が頼りなくて……
ズボンはまこと
くの字になじんでくれる
ジャージーものはいい塩梅《あんばい》

百歳代

切り下げ髪
なくなって
皆パーマ
断髪

かくして
日本婦人から和服は消えました

きりさげがみ【切り下げ髪】
近世～明治の婦人の髪形の一つで、未亡人が、髪を短く切りそろえ、頭頂部で束ね、まげを結わず垂らしたスタイル。切り髪。

それはなぜなのか。主婦の視点から洗い出して、次の世代の方々への参考資料としていただければと、遺言状のつもりで並べてみました。

家族、教育、子ども、仕事、ゴミ……、「便利さ優先」で発展してきた日本で、ここにきて、おいてきぼりにされた問題が一気にわき出てきました。

「昔は良かった」と振り返ることは簡単ですが、それでは前に進めません。せめて、昔を振り返ることができる人がいるうちに、「昔の良かったこと」を思い出して、取り入れられそうなことをみんなで考え直すことが、二十一世紀の日本には必要だと思います。

軽い気持ちで描き始めた巻物は、いつのまにか九本になりました。この絵巻物を整理して、ここにご覧いただけますことを、心からありがたく思います。

鮫島純子

第一章

暮らしの変化

昭和初期から平成

変化によって、得たものと失ったものがあります。
これからも変化は続きます。
失ったものをもう一度見直してみませんか？

昔の学生

弊衣破帽《へいいはぼう》も
彼らのおしゃれ

と蛮声をはりあげる

木綿の絣

茶色がかった手拭いを腰に

冬でも素足

高い下駄
太い鼻緒

男性の臭気プンプン

縄でくくった書物

たくあんと
梅干しおにぎりを
竹皮で包む

へいいはぼう【弊衣破帽】
ぼろぼろの服と破れた帽子。
特に旧制高校生などに流行
した蛮カラな風俗。

今の若いコ

駅のホームでも
道端でも
コンビニの前でも
座り込んで
ハンバーガーにコーラ

朝シャンは欠かさずご清潔
コスメティックの香りがただよう

リュックに
ヘッドホンステレオ
携帯電話《ケータイ》は必需品

昔　学生は座るのを
よしとせず
格好だけでも
むずかしそうな本
を手に

電車の中

今
腰を前にずらし
股を精一杯ひろげて
ズダ袋を床に
読んでいるのはマンガ
チューインガム
どこへ捨てるのかナ

アレッ
女の子が床に座ってる!!
「制服の名誉にかけて」
ナンテ　気にしない　気にしない
「ジベタリアン」っていう　そうな

電車の中といわず
所かまわずベタッと座り
人前もはばからず
念入りにお化粧、忘我の境地
昔はかくれるようにした
みだしなみ（という言葉はもう死語？）

タバコは父親の特権

団らんは
ひとつ炬燵《こたつ》で

新聞を読んだり
編み物したり
トランプもすれば
宿題もやる

今は子どもの部屋でも
コツコツ、ノック
さもなければプライバシーの侵害とやら
一人一台、テレビ、
携帯電話、パソコン……

そろばん
↓
電算機
↓
コンピュータ
暗算が下手になる

機械の発達は、誰でも普遍的に仕事を確実に
こなせるようにしたメリットはあるが
研《と》ぎすまされた勘は衰退

お給料日

父親は家族を支えている誇り、生き甲斐
母親は家事の大変さも忘れて感謝いっぱい押し戴《いただ》き
神棚に供えて戴き直す

今
銀行振込みを引き出す
ありがたみも薄くなる

出勤

お気を付けて〜〜

今
夜更かしの奥さま
ベッドの中で
いってらっしゃい

診察

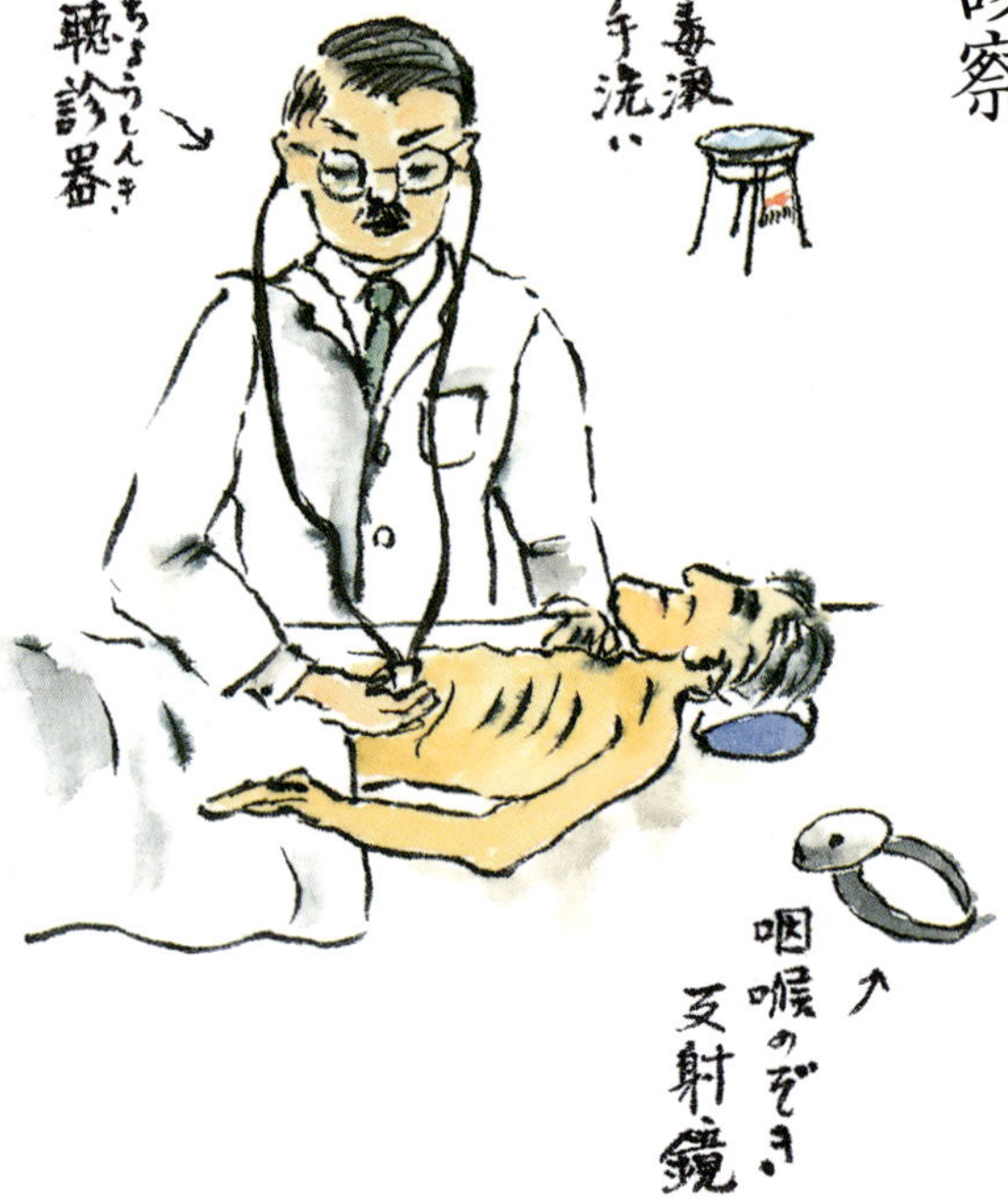
消毒液
手洗い
聴診器《ちょうしんき》
咽喉のぞき
反射鏡

触診は
あったかい。
先生の
お人柄も
病気を癒す

出産

自宅で
お産婆さんの
お世話になり
一生のお付き合い

今
医療機器の
発達は
新米の先生にも
正確な判断データを提供。
でも
経験や熟練による
勘が鈍る
患者の心に灯《とも》る
何かが物足りない

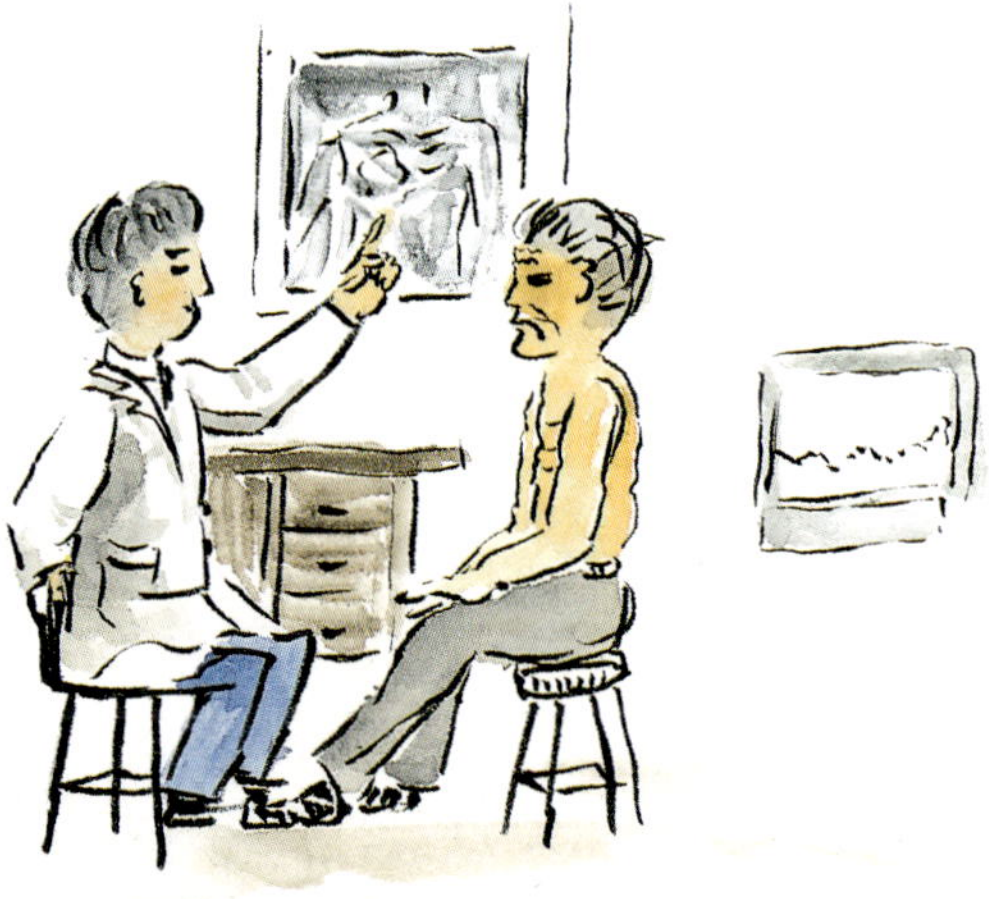

今
病院でバイバイ

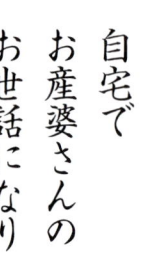

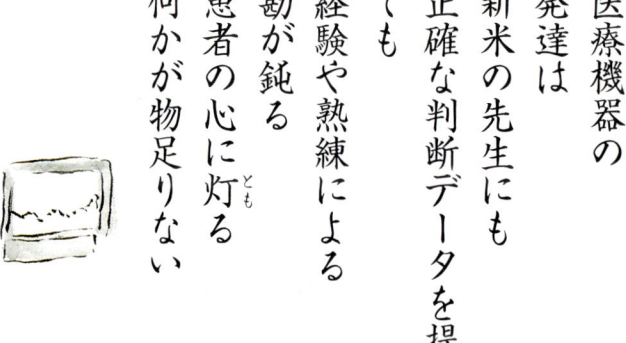

子育て

子育ては、母親が当たり前
お出かけはオンブで

今
子連れのお出かけ
パパさんの仕事

紙おむつ
使い捨てだから
手提げは買い物紙袋

箸が転んでも
可笑《おか》しい年頃
オホホホホと口を
かくして笑う

女のコ

今
夜中の道の真ん中で
仲間たちと大声あげて
ゲラゲラゲラ

のびのび・あたりお構いなし
楽しいから　イイジャン

子どもの遊び

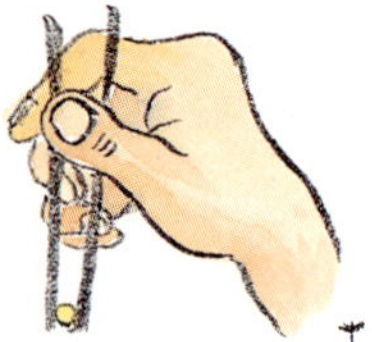

お豆つまみ

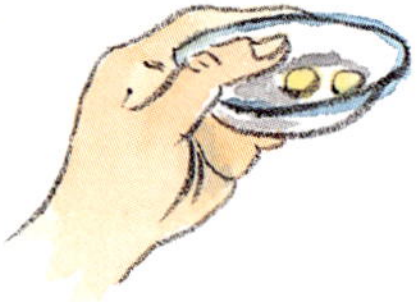

おはじきを飛ばして当てる

憧れの
大人の世界をまねして
社会性を身に付ける
お母さんの言葉遣い
お母さんの物腰
親の生き方を
しっかり見ている

手先の運動は
知らないうちに
脳を刺激

六年生も一年生も、まじって遊ぶ
年上の子は下の子の面倒をみる
いたわりや思いやりを身につける

みんなで温まる
仲良しこよしの
燃料いらず
押されて泣くな！
ぼくも入れてぇ～
踏まれて泣くなぁ
ワッシヨイ
ワッシヨイ

おしくらまんじゅう
子どもは風の子

おままごと

葉っぱのお皿
花びらのおごちそう
「そちゃでございますが」
「いただきます」

かるたとり

いろはかるた
百人一首で
文学的リズムに親しむ

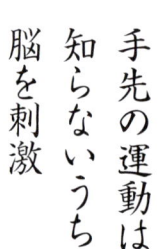

「か〜ごめ 籠目
かごのな〜かの と〜り〜は
いついつ出〜やある〜」とか
「と〜りゃんせ 通りゃんせ
こ〜こはど〜この細道じゃ
天神さ〜まの細道じゃ
ちょ〜っと通して下しゃんせ
行きは良い良い帰りはコワイ〜」

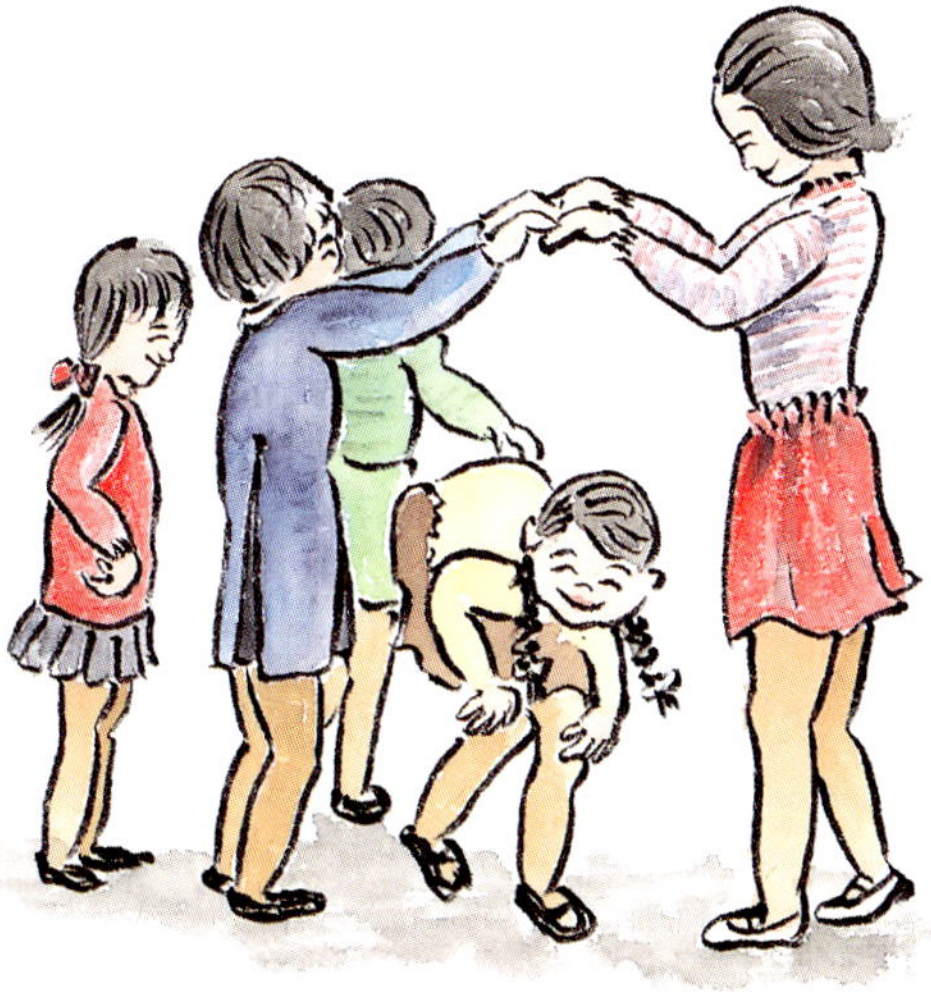

とおりゃんせ

いずれも
瞬発力、俊敏行動、
咄嗟《とっさ》の判断を要求される遊び

ランドセルを置いて
すぐ近所の原っぱに飛び出せば
ガキ大将と仲間たちがいて
日が暮れるまで夢中で遊ぶ！
いじめたりいじめられたり
人間の付き合い方も
自然に身につける

お手玉

あやとり

自分のために縫ってもらった嬉しさ
愛されているぬくもりを肌で感じる

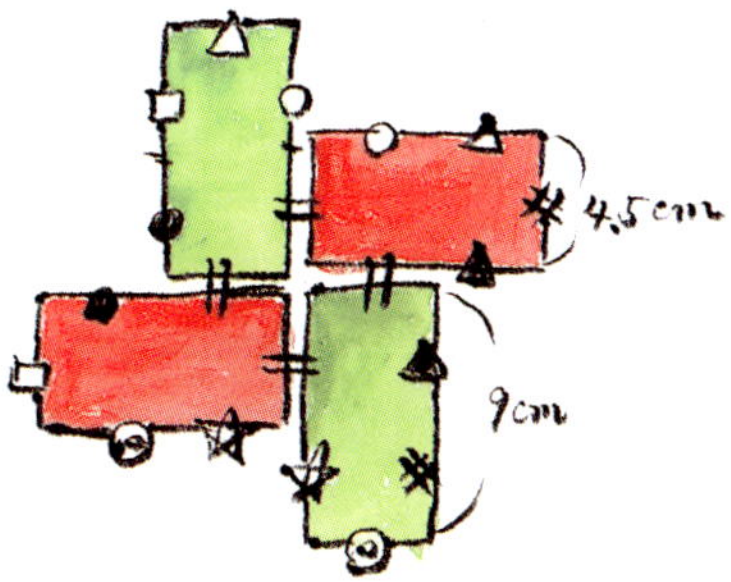

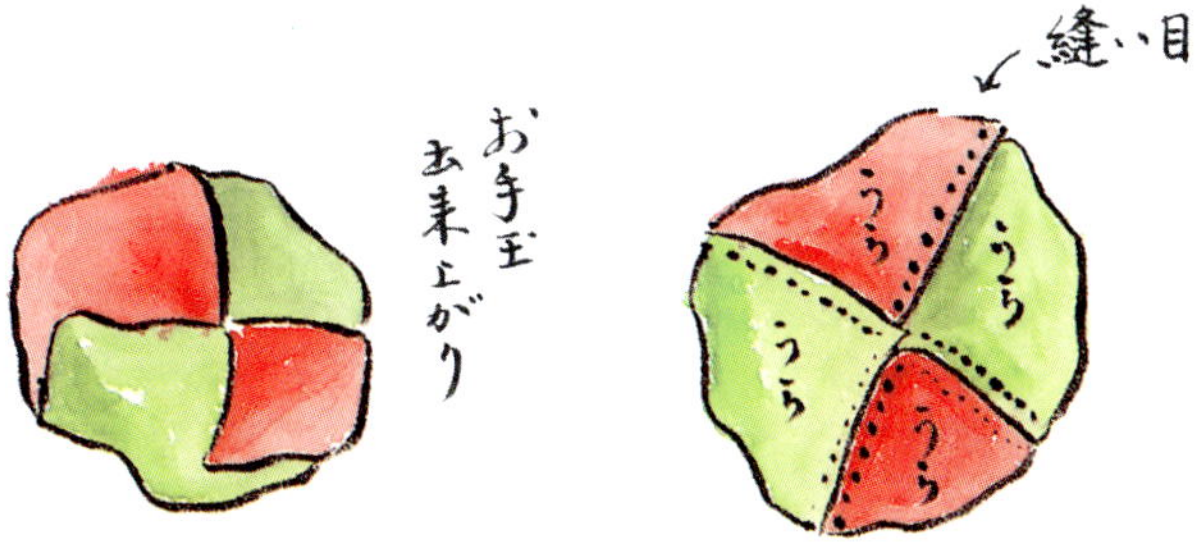

お手玉の作り方

一、同じしるし同士を合わせて縫う。

二、一カ所だけ縫わないで表にひっくり返す。形を整えたら開けてある口から小豆や、じゅず玉の実などを入れる。

三、残した穴を綴じると出来上がり。

明日は白いご飯

海老名　香葉子

　物心ついた頃から、私は家事に参加していた。朝、一番早く起きて働き出すのは母だった。ご飯の炊ける匂いがしだすと家族中が起き、それぞれが働いた。小さな私は台所脇の濡れた手拭いを掛け替える。ついで、「かよちゃん、ごはんよォー」と母が私に云うと、背丈ほどある丸い大きな卓袱台《ちゃぶだい》を台所から転がすように茶の間に持って来て、脚を出して置き、家族八人のお茶碗、お椀、箸を並べた。

　小学校に上がってから、おみおつけの実を買いにお豆腐屋さんへ行った。賽《さい》の目に切ってもらって、お鍋に入ったのを受けとると、必ずおじさんが、「親孝行だなあー」と云ってくれた。何となく嬉しかった。お鍋を持って小走りの私に、道路を掃いている大人たち、また家の中からも、「かよちゃん、偉いなあー、親孝行だあー」と声をかけてくれた。

　親孝行と云われた誉め言葉、子どもの私は、もっと親が喜ぶことをしようーと思ったものだ。

　私の忘れられない音、一升瓶に玄米が入っていて竹の棒をさし、シャッ、シャッ、と兄が突いてお米を白くしていた。"シャッ、シャッ"。

「今度は僕が…」と三人の兄が代わり番こに瓶を膝に挟んで力強く突いていた。

「明日《あした》は白いご飯」と祖母が云った。明くる日は、小学校五年生の私が一人疎開する日だった。家族八人輪になって、その皆の愛いっぱいの白くなったご飯を食べた。母の目は昨夜から赤くなっていた。「お替りー」とお茶碗を出したら涙が溢れそうだった。私は一人おどけていた。子を思う親の目は忘れられない。

　食事の後、玄関で次兄が呼ぶので、出てみたら、学生服にゲートルを巻いて直立で、私に「かよ子、体に気をつけろよ、風邪をひくんじゃないよ、友達を早く作るんだよ」と云って涙をツーと流し、敬礼をして出かけていった。家族七人の愛を一身に受けていたと思う。母は家族の為に、働く限り働き尽くしてくれた。優しかった、嫌な顔は見たことがない、家族の争いも見ていない。あの優しさは、余程芯が強くなくては出来ぬと思う。父がときどき三兄の悪戯《いたずら》に手をやいて、お尻をピシャ、ピシャ叩いていた。でも、父の存在は毅然《きぜん》としたものだった。家族中が、父が一番偉いと思っていた。それは一生懸命仕事に打ち込む職人の姿を、毎日見続けていられたからだと思う。そんな父が博物館や山へ連れてってくれた。あの嬉しさはずっと心に残る。祖母は、先の先までその子の将来を思ってくれた。

　その家族は戦火に消えた。

　家も町も消えた。

　幼い私は、父や母、家族のことを思うと悪いことだけは絶対すまい、で生きてこられた。

　そして今、家族の愛の強さを改めて感じとれる。願わくば、昔の家族愛を子も親も取り戻して貰いたい。余裕がこれほどあるのに、心の余裕がなくなってしまうなんて悲しい。昔の親は偉かった。働いて、尽くして、自信をもって子を育てた。そのような親に逆らう子がおりましょうや。一針一針丁寧に、つぎの当たった靴下や足袋を穿いた子は幸せだったと思えてしまう。

　親の愛を心して探して、子に与えてほしいと切に思うのだが。

（エッセイスト）

第二章

家事今昔物語

女性にとって、
家事が楽になることはうれしいものです。
でも、時間と手間をかけるからこそ生まれた
おいしいもの、快適なものもありました。

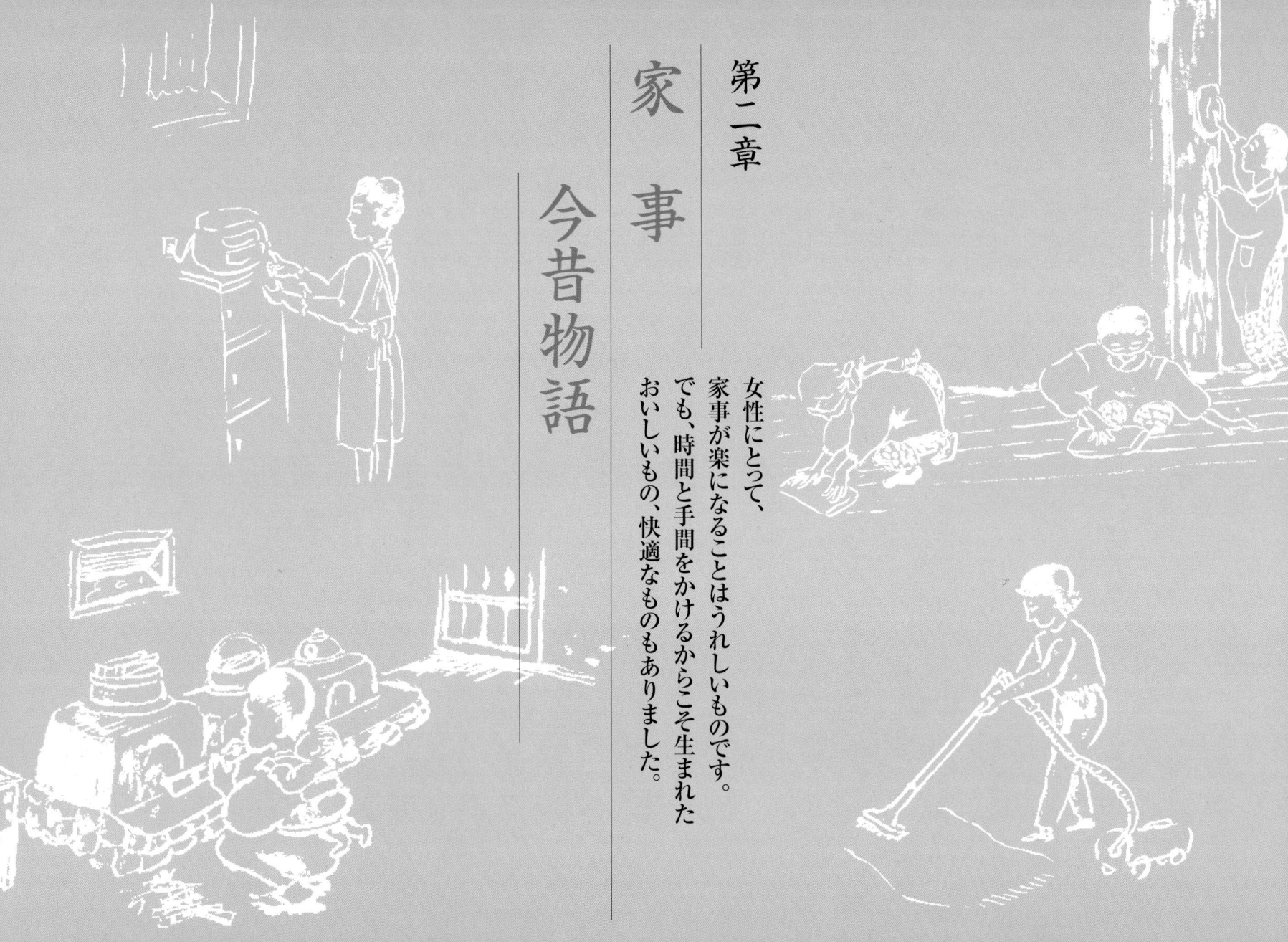

衣

裁縫　編み物

布のすり減ったところを
やりくり交換して…

折りたためる
へら台
ひろげて
へらの印
をつける

和裁で使うものさしは鯨尺
一寸は約三・七八センチ
一尺は約三七・八センチ

くじらじゃく【鯨尺】
鯨のひげでつくったことから、くじらさしともいう。ものさしのひとつ。和裁用。

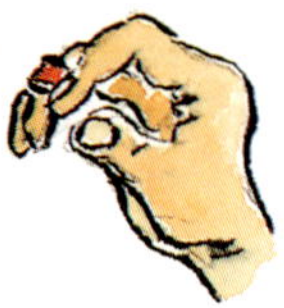
指貫《ゆびぬき》

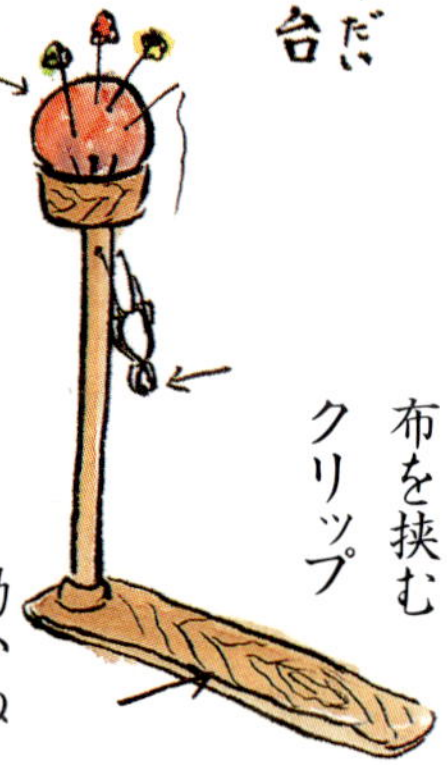
絎台《くけだい》
針山
布を挟む
クリップ
動かぬよう
ここに座布団を
のせ、座る

一針一針
その子の笑顔や癖を
思い描きながら
好みに合わせ
縫い上げる
編み上げる

篦《へら》

鹿の角製や竹製
縫い印をつける

糸巻
ボール紙

にぎり鋏《ばさみ》
すべらぬよう
籐の皮が
巻き付けてある

今はバーゲンセールで
お好みしだい
サイズピッタリ
お気に入りを素早く見分けて
はい、レジへ

虫干し

湿度が低く
気候が安定
一年一回
秋の虫干し
今は除湿剤
防虫剤が
大活躍

洗濯

上の竿《さお》には殿方のもの
洗濯物の干し方にも
気をつかいます

今
全自動洗濯機
スイッチ・オン
お出かけ自由

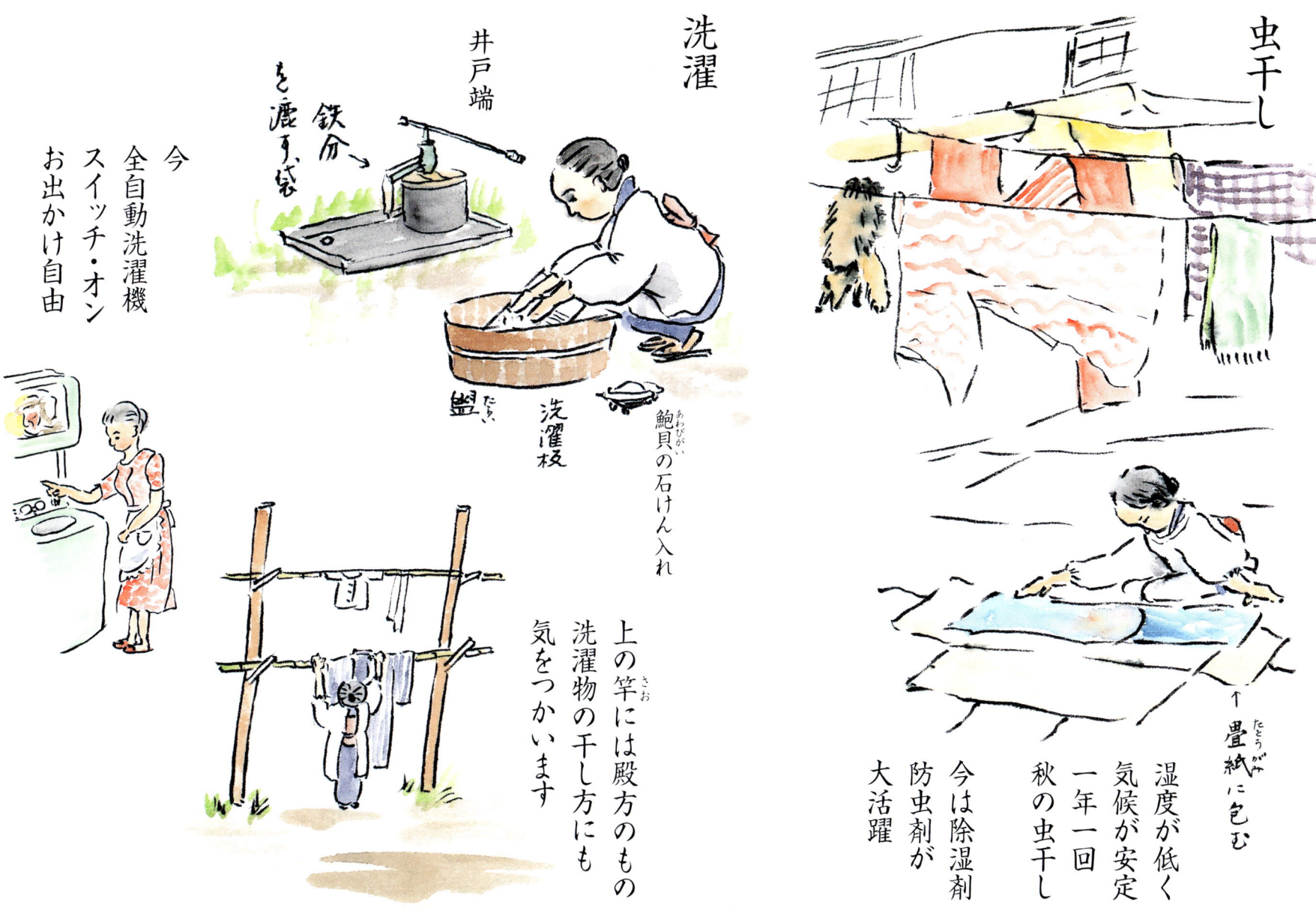

伸子張《しんしば》り

お天気と
相談しながら

しんし【伸子】
竹製の細串の先をとがらせたもので、洗い張りや染色のとき、布の両縁に刺し留めて弓形に張り、布が縮まないようにする道具。
しんしばり【伸子張り】
伸子を利用して、洗濯した布に糊をつけ、または染めた布のしわを伸ばす方法。
ふのり【布海苔】
紅藻（こうそう）類の一属。浅い海の岩石にはえる海藻。煮出した汁は、布地などの糊に。

ほどいた着物は
洗濯して糊をつけ
張り板に張ったり
伸子張り
布が整ったら仕立て直し

火熨斗《ひのし》

ひのし【火熨斗】
底が平らでなめらかな金属製の器具で、中に炭火を入れその熱気を利用し、底を布に押し当ててしわをのばすもの。アイロンの役目。

台十能《だいじゅうのう》

おこした火を運ぶ道具

鏝《こて》

火をおこした
火鉢の灰の中に
鏝《こて》を突っ込んで熱し
布のしわをのばす
火熨斗《ひのし》は広いところ
鏝は縫い代など細かい
ところにあてる

手あぶりの
小型火鉢
熱源は炭火なので
現代の家のように
密閉度が
高い部屋では
一酸化炭素中毒に
なりそう

糸を房にして綴じる

布団《ふとん》の手入れ

打ち直しの綿が
できてくるまでに
布団皮をほどいて
洗って張って
中央のすりきれを
端にまわして
縫い直す

今はデパートや専門店で
「あれ　ください」。
カタログ通販、
電話。パソコンでも
ことは済む

手拭いで姉《あね》さんかぶり
マスクをして綿を入れる
段がつかぬよう
綿が片寄らぬよう
綴《と》じ糸で飾る

姉さんかぶりの仕方

前から

後ろから

食

炊事

暗い寒い土間に
一人早起きして
かまどに火吹き竹で
火をおこすのも
女性の役目

井戸から
水を運んで
甕《かめ》に入れる仕事

朝早くから
夜遅くまで
主婦の家事は
年中無休

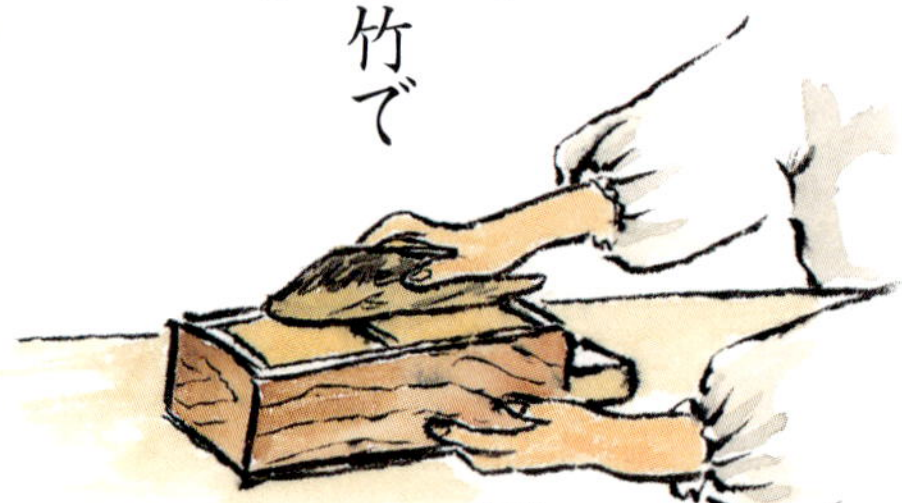

鰹節を削る音も
朝の愛情を
感じる
ひびき

これだけの手間が
なくなった分
どれだけ
感謝しているかナ

井戸から
水汲み

今はオートタイマー付き
スイッチ・オンでOK
明るい
風通しのよいキッチン

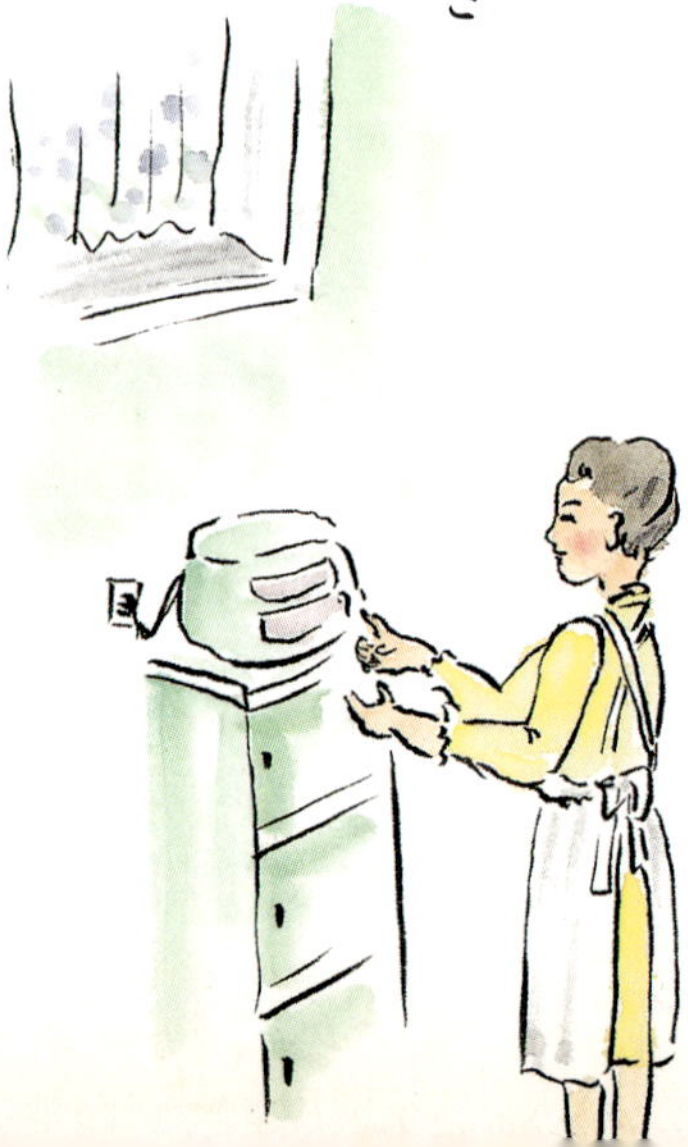

買い出し

終戦直後、食糧を求めて
かすかな縁故をたよりに
晴れ着を持って農家めぐり。
厚意にすがり
頭を下げて物々交換
疲れ果てて帰る途中
お米は警察に没収されることも

今　デパート、スーパー、コンビニに
世界中の食材が
何不自由なく勢ぞろい
カートにいっぱい入れて駐車場へ

自家菜園

畑を借りて
一から農業勉強
生きるためには
寒風の中でも
炎天下でも

今はベランダでハーブ作りのお楽しみ

ガーデニング
大流行
平和満喫

手作りの料理

赤ちゃんの離乳食
ゆきひら鍋でお粥《かゆ》を炊き
お野菜もお魚も
すり鉢ですってペースト状に

今はスーパーマーケットに
便利な離乳食が並ぶ

今

アルミニウムのデコボコおべんとう箱
梅干しといっても今のような甘いものではなく
お米といっても雑穀
やっと野草を摘んで佃煮にして作ったおべんとう

半調理、冷凍、レトルトの
種類もいっぱい便利な食品
チーンでたちまち出来上がり
プラスチックの
可愛い花柄のおべんとう箱
果たしてどちらが健康にいいかしら

梅干し
三日三晩の
土用干し

辣韮漬《らっきょうづけ》

皮むき
塩漬
甘酢漬

十一月

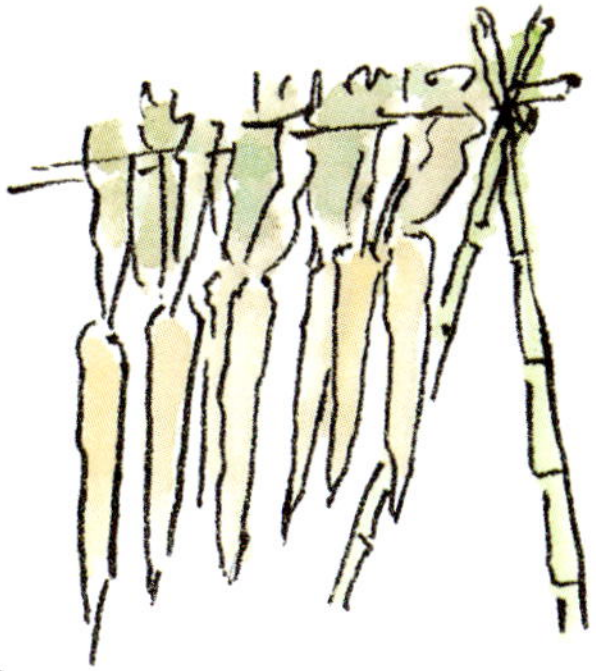

大根干し

重石《おもし》

たくあん糠漬《ぬかづけ》

十二月

白菜漬

きなこ挽《ひ》き

今　これらの食品は
全部買えます

お寿司
おはぎを作って
ご近所にくばる

お燗番《かんばん》

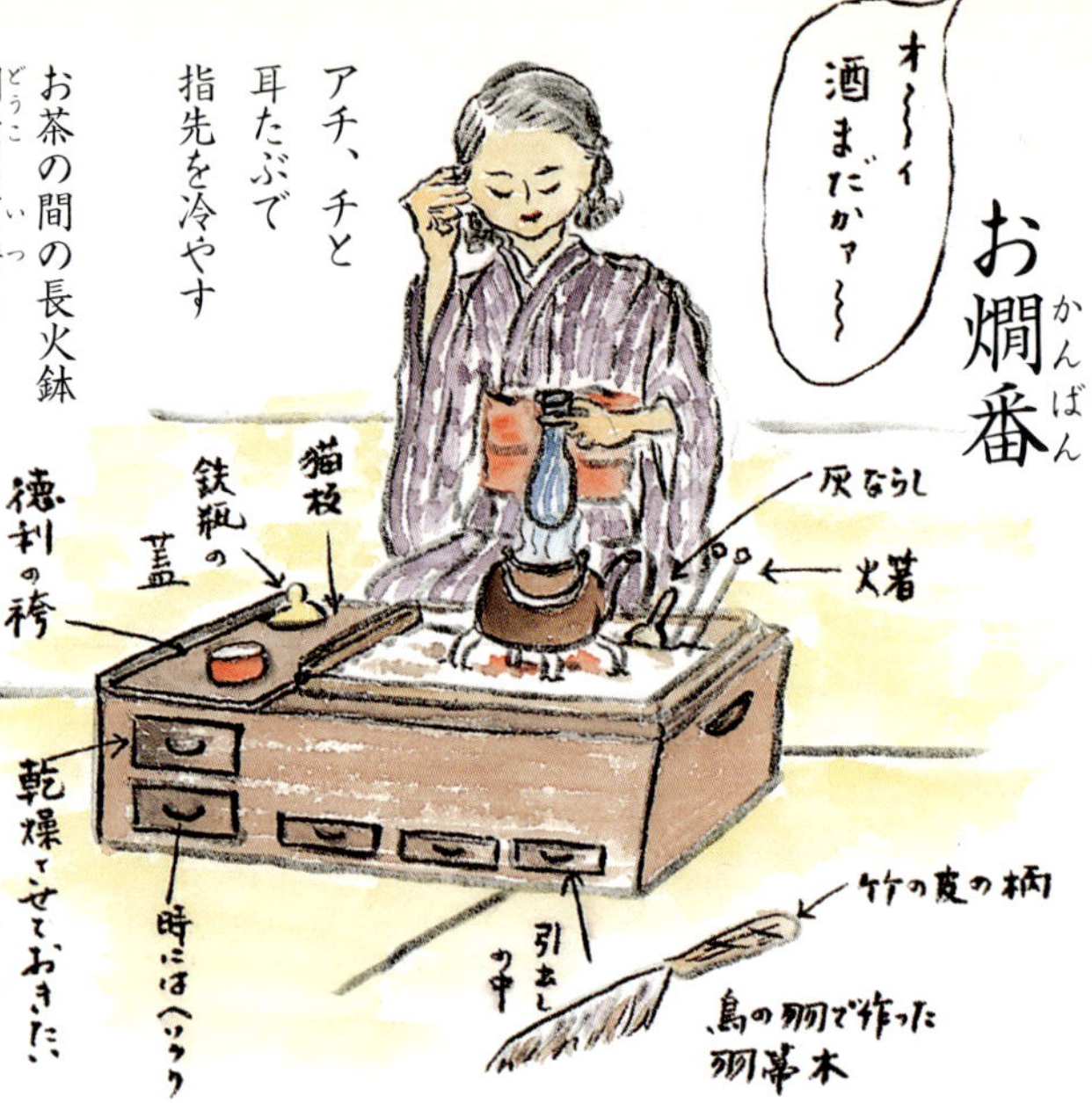
オ～ィ
酒まだかァ～～
灰ならし
火箸
猫板
鉄瓶の蓋
徳利の袴
乾燥させておきたいものを入れておく
時にはヘソクリ
引出しの中
竹の皮の柄
鳥の羽で作った羽箒

アチ、チと
耳たぶで
指先を冷やす
お茶の間の長火鉢
銅壺《どうこ》に何時《いつ》も
チンチンお湯が沸く

今はお父さんが
ひとりでチーン

おじいちゃんは
物知りのえらい人として
一番上座《かみざ》(床の間のほう)、
お父さん
ごくろうさま
一皿上等なおかずで
一日をねぎらう

ちょっと変わってる子も
外でいじめられた子も
家に帰れば
「ただいまぁ～」の声に
答えてくれる誰かがいる
「おかえり～」と
迎えられてホッとする

お茶の間

ちがい棚
香炉

食事は父上の
お帰りを待って
「いただきま～す」

「姿勢を正して」
「よく噛んで」
「噛むときは口をむすんで
「ペチャペチャ音を立てないで」
と禁止や命令語が飛ぶのを
聞き流していても
心のどこかにしみ込む
坊やもうまく座れなくても
仲間入り
猫のタマもお行儀よくネ

今　食事時間はバラバラ
父は遅くてあてにならず
姉は部活、兄は塾、母もパート、
ジーチャン、バーチャンは田舎
ボクは一人
好きなテレビを見ながら気楽なもんさ
お行儀をやかましく言う人もなく……
椅子によっかかって食べたって
マンガを読みながらだってヘッチャラさ
でも、チョット淋しいネ

おさつの茶巾しぼりの作り方

一、さつまいもを蒸します。
二、蒸し上がったら皮をむいてすり鉢でつぶします。
三、裏ごし器でさらになめらかに。
四、砂糖は好みで加える。
五、ふきんをぬらしてかたくしぼり、その上に四をのせる。
六、形よくしぼると出来上がり。

甘味のなかったころ

おさつの茶巾しぼり

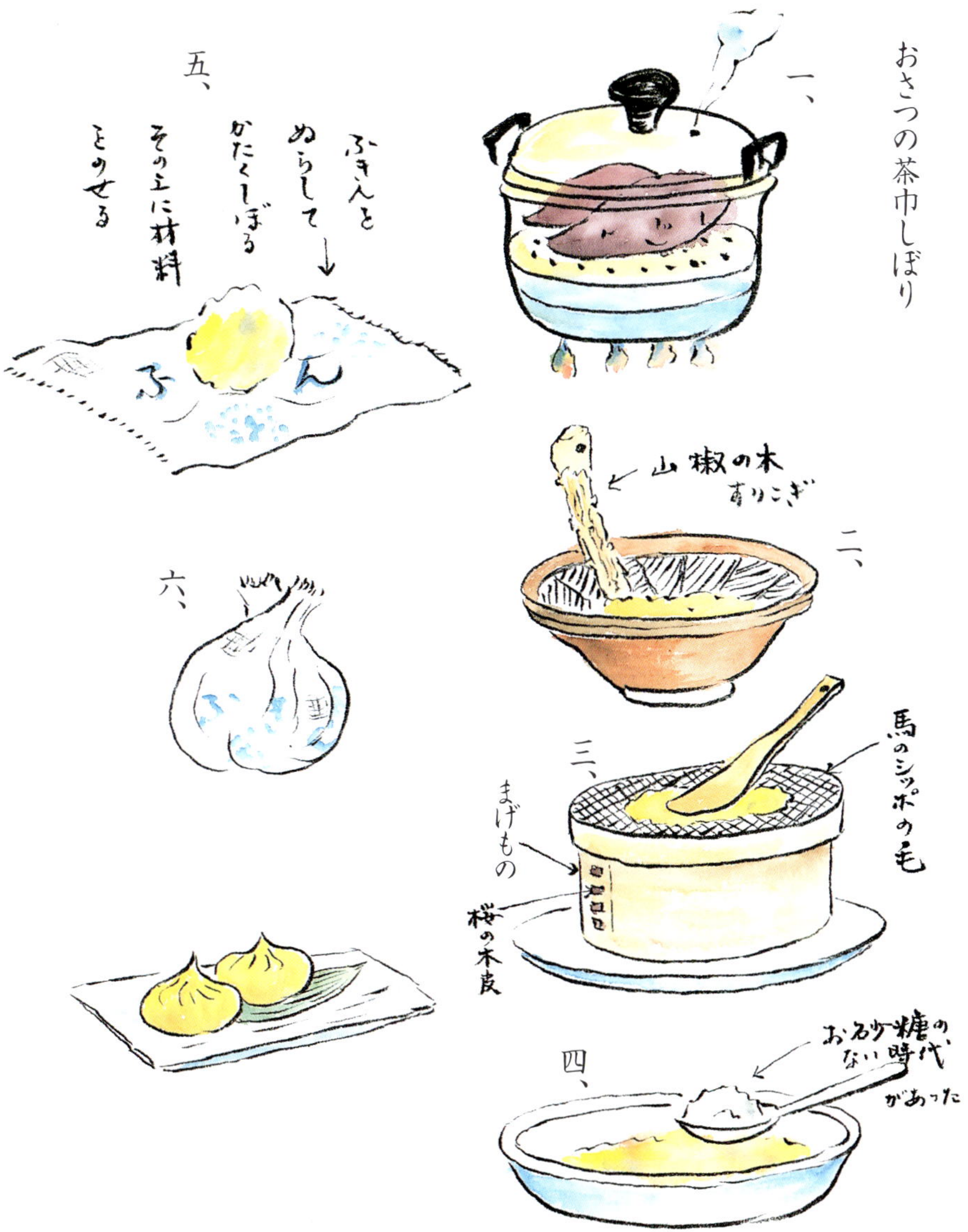

住

箒《ほうき》は
たたみの目にそって

はたきは
上から下へ

一年に一回の大掃除

その家の紋章入りの法被《はっぴ》を着た植木屋さんが
畳を干してパンパン埃《ほこり》をはたく

この日
主婦は総指揮者
大方の塵《ちり》や埃《ほこり》を移動するだけのお掃除だったけど

水拭き

モンペに
たすき掛け

今は全部吸引
化学雑巾
使い捨てペーパー
粘着ローラー

おからや糠《ぬか》の袋磨き

お豆腐屋さんに行って
おからをもらったり
お米屋さんで糠をもらって
木綿の袋に入れ
床、大黒柱、階段を磨く
おからや糠の油で品のよい黒光り
ワックスと違った味わい

障子張り

障子を逆さに立てかけて
上から順にていねいに張る
もとに戻せば
つなぎ目にほこりが
たまらないという知恵

今は一枚で一度に張れる
障子紙、ふすま紙が
あって　大変便利

お風呂

お風呂をたてる日は
薪割りをして水汲みをして
目をショボつかせながら
火吹き竹で吹く
お風呂の火の番をしながら
おいもやトウモロコシを
焼くのが楽しみのひとつ

今はスイッチひとつで
水量、水位、温度調節
すべていいぐあいに

洗髪剤は
ふのりを煮て用意
だから髪洗いもせいぜい月一回
今　朝シャンは欠かさず……
これ果たしていいのかな？

戸締まり

夜は
戸締まり
雨戸をガラガラ
朝は
おはよう
雨戸をガラガラ

マンション暮らしの
今はアルミサッシの鍵をしめ
カーテンをスルスル

お礼状　ご挨拶状《あいさつじょう》

心をこめて何通も
相手のお一人お一人を
心に描いて書く

硯箱《すずりばこ》の中
硯、墨、筆
水差し、文鎮《ぶんちん》

今はワープロ、
パソコンで大量生産
署名だけでも
心をこめて

ゴミの処理

庭に順々に位置を変え
穴を掘って埋める
堆肥《たいひ》づくり
ビニールやプラスチックのない時代
ほとんどのものは自然に還した
みみずたちも手伝って
細かくほぐしてくれた

燃えるものは
裏庭で焚く
落葉の焚《た》き火《び》の
いい匂い
カリ肥料

ゴミ袋
アッ いっちゃったあ〜

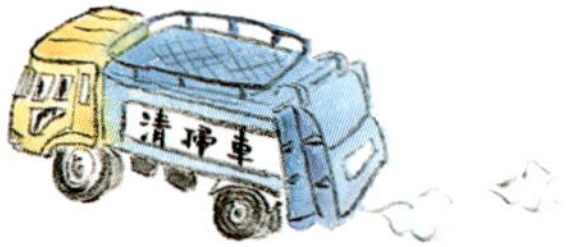
清掃車

今は
お国の
厄介もの

雪見障子
枕びょうぶ
はこ枕
ごとくの上の鉄びん
真綿の首まき
あんか

寒さしのぎ

枕びょうぶ
あんか……
鉄びんから
シュウシュウ湯気

夏の演出

涼しげに見せる
心遣い

簾《すだれ》をかけ
風鈴《ふうりん》を吊るす

蚊帳《かや》

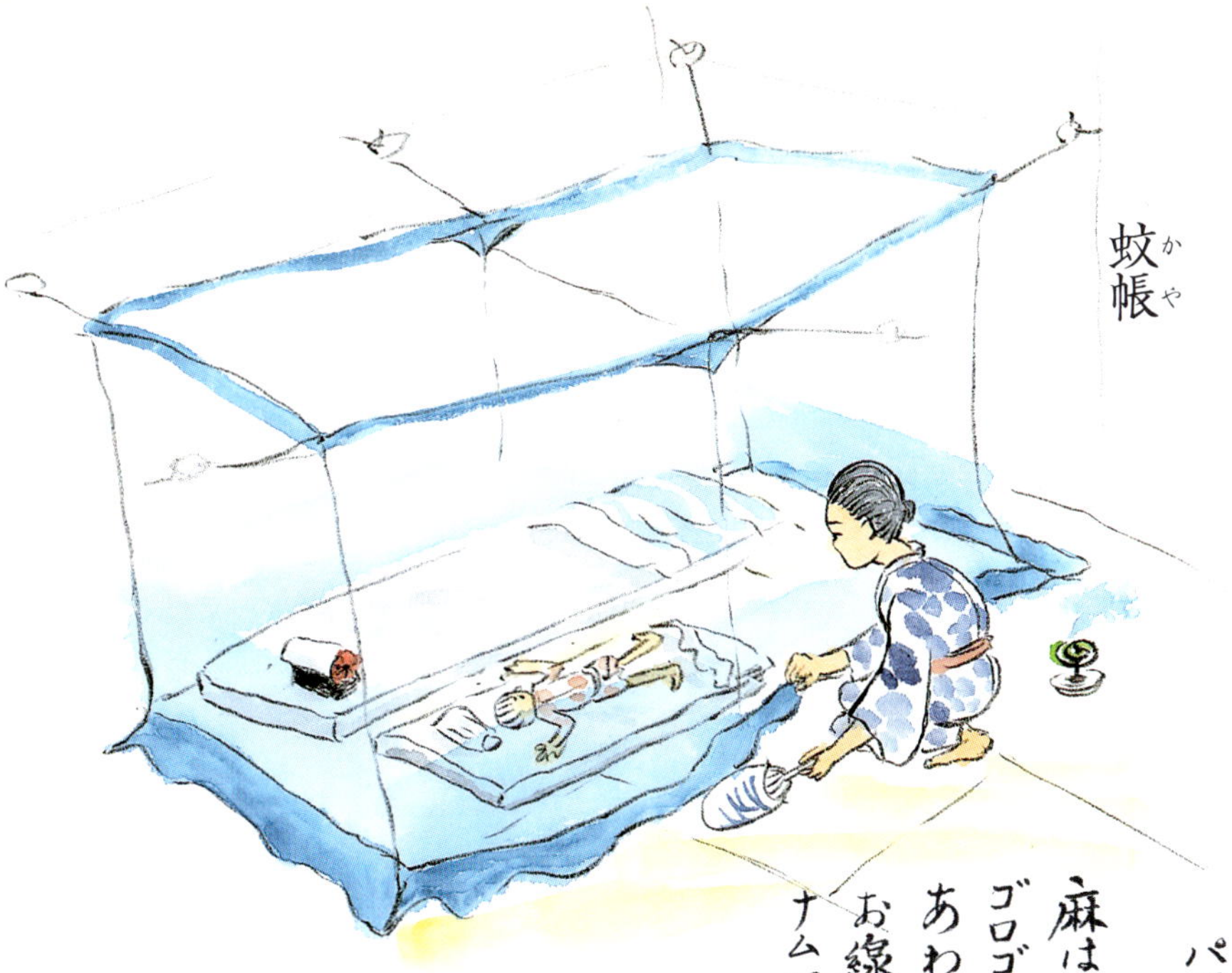

団扇でパタパタあおぎ、蚊を避けて
パッととび込む蚊帳のなか

麻は雷を避けるとか
ゴロゴロと鳴りだすと
あわてて蚊帳の中へ。
お線香を立てて
ナムアミダブ　南無阿弥陀仏

打ち水

主婦は何と楽になったことか！ありがたや～
その分、外で働く？　体を鍛える？
心を養う？　世の中のために働く？
皆で楽しむ？　何しろ平和はありがたい

温度調節
夏も冬も
今はエアコン
がしてくれる
手間いらず

便利さの中で失ったもの

吉沢久子

私は大正七年（一九一八）生れ。

ここに描かれているひとむかし前の家事は、すべて体験し、そして今もそのうちのいくつかは生活の中に残している。

たとえば台所のごみは庭の土に埋め、ささやかながら野菜を作り、雑草といわれるような草も大切にしている。※十五年戦争の間や戦後のものの乏しい時代を、必死に生きた経験から、たべられるものはそこらの草でも大事に思われる。

大正生れで貧しい育ち、ぜいたくを知らないものの生活力は、サバイバルにも強かった。小学生の頃から薪でごはんを炊くこともできたし、夏は行水《ぎょうずい》をするためにバケツに日向水《ひなたみず》を作っておくことも知っていた。汗を流したあと、汚れた衣類の下洗いをしてから、たらいの水を捨てるという、水を大切に使うことも身につけていた。

そういう実生活の力を子どもの頃から身につけなければ生きられなかった庶民の子には、登校拒否も家庭内暴力も頭の片すみにもうかばなかった。大人も子どももいっしょうけんめい働かなければ暮らせなかったからで、便利なものにかこまれて、ぜいたくのできる現在とは、精神構造さえ違っていたようだ。

私も家族みんなの洗濯ものを手洗いしていた。冬は手にあかぎれを作って痛かったが、今は全自動洗濯機におまかせだ。はじめチョロチョロ中パッパと、歌いながらおぼえたごはん炊きも、今は仕掛けだけしておけば炊飯器がちゃんと炊きあげてくれる。

台風がくるといっても、アルミサッシやシャッターがあれば大丈夫と、何の備えもしないでいる。緊張感を失った毎日だ。

そういう生活にどっぷりとひたっているうちに、私は家事の能力をどんどん失っている自分に気がついた。年齢のためかと思ったが、人間、使わない能力は刻々と失われていくものだときいて、たしかにそうだと納得した。

便利さになれきってしまった私たちは、炊飯器なしにはごはんも炊けず、エアコンなしには夏が越せない。便利さはありがたいのだが、生活者としては弱い存在となる。

私も、その便利さの中で生きてきたと思う。年をとって、家族を次々に見送ったあとの一人暮らしをしている今、体力の衰えと共に、便利な道具を使うことで自立して暮らすことができている。たとえば洗濯機なしには毎日下着をかえたり、清潔なねまきを身につけたりができない。しかし、生活技術は確実に落ちていく。

この、便利さの中で得ているもの、失っていくものの両面を考えて、どう折り合っていくべきかに迷い悩んでいる。

その、ひとつの突破口として、庭のわずかな土地に野菜などを作って、土と季節が育ててくれたものの味を忘れないようにしたいと思っている。でも、それが最高のぜいたくといわれる都会ぐらしでは、せめて毎日のおそうざいだけは、自分の手で作りつづけていきたい。

（家事評論家）

※**十五年戦争**　満州事変（一九三一年）に始まり、日中戦争、太平洋戦争を経て、一九四五年の敗戦に至る日本の十五年間の対外戦争の総称。

第三章

昭和の初め頃まで 街中で見かけた商売

紙芝居屋さん、しんこ細工屋さん……、
今はほとんど見かけなくなってしまった
懐かしい人たちが、登場します。

わた菓子屋さん

子どもたちに人気の
おじさん

紙芝居屋さん

飴を買った子は前
買わない子は
後ろだヨ

しんこを蒸して
ついたお餅
ひねって
はさみで
パチパチ
鳥や花や
人形を
器用に作る
おじさん

しんこ細工屋さん

〝こんどアタイ
コトリね〟

焼きいも屋さん

農閑期　農家のおじさん
焼きいも屋さんとなる

石焼きいも～
ホッカ　ホカァ～
甘くておいしい　おいもだよオ～

しんこ【糝粉】
精白したうるち米を洗い、干してひいた粉。和菓子や餅の材料になる。

飴屋さん

デンデコ　トントン
アメ～～の中から
金太《きんた》さ～～んが
飛び出たヨッ

呉服屋さん

唐草模様の
ふろしき

まだ肩あげ腰あげのある着物を着ている

小僧さんに
反物を
背負わせて

番頭さんは
お出入りのお邸《やしき》へ

魚屋さんは桶を重ねて
かついでくる
経木《きょうぎ》にその日の品書き
値段を書いてくる

魚屋さん

豆絞りの
手拭いを
ハチ巻きに
ねじって

注文をもらうと
裏手の井戸端で
さばき始める

天秤棒

きょうぎ【経木】
杉、檜(ひのき)などの木材を紙のように薄く削ったもの。これに経文を写したことからこの名がある。菓子などを包んだり菓子折に敷いたりする。

てんびんぼう【天秤棒】
両端に荷をかけて中央を肩に当てて物を運ぶための棒。

豆腐屋さん

ト〜フゥ　ト〜フゥ
庶民の大事な蛋白源
ピカピカに磨いた
真鍮《しんちゅう》のラッパで呼ぶ

水に浮かぶ
豆腐
↑ゴム裏
地下足袋
↑油揚げ
おから
包丁

氷屋さん

電気冷蔵庫のないころ
氷屋さんは夏大忙し
リヤカーに積んだ氷を
シャッシャッと
のこぎりで切って
お店やお金持ちの
お宅に配達
冬は焼きいも屋さんに

へ〜ィ　お待ちどお!!

氷で冷やす
冷蔵庫

木の箱の内部にブリキを
はった　ただそれだけ
上にスノコを置いて氷を入れ
下の食品を冷やす
とけた水分は一番下のバットに

金魚売り

夏になると
釣り忍《しのぶ》を
あしらった
赤いガラスの
風鈴を吊った
車をひいて
金魚売りが
やって来る

手甲《てっこう》をはめ
脚絆《きゃはん》
編《あ》み笠《がさ》の装束は
なかなか粋

ここぞと思うところに
腰をおろし
煙管《きせる》タバコをふかし
のんびりお客を待つ
盥《たらい》をかついだ　おじさんは
金魚すくいをさせてくれる

つりしのぶ【釣り忍】
シダ植物のシノブを葉のついたまま束ね、井桁や船の形などに作ったもの。夏、軒先に吊って涼味を味わう。

青空食堂

夫婦で稼《かせ》ぐ
屋台
おでんは
お内儀《かみ》さん
焼きそばは
大将

どこにでも
見かけた空き地に
屋台からおろした
腰かけを据《す》えれば
そこはもう食堂
夜は赤ちょうちんを
灯《とも》して　一杯いかが？

アイスクリン 冷たいよォ〜〜

列車の着く駅や
野球場や
劇場での
お楽しみ

おこもさん

暮れになると
乞食をせざるを得ない
貧しい人々が橋のたもとなどに
座ることが多くなる

社会福祉の充実していない時代のこと
こもを被っている人が多かったから
「おこもさん」と呼ばれていた
子どもを連れていると同情をかって
実入りもふえたとか……

こも【薦】
あらく織ったむしろ。もとはマコモを材料としたが、今は藁(わら)を用いる。

虚無僧《こむそう》

藺《い》深《ぶか》編《あ》み笠《がさ》
肩に袈裟懸《けさかけ》
頭陀袋《ずだぶくろ》
仇《かたき》をさがしているみたいで…
子どもには恐ろしい!!

商売ではないけれど
門《かど》に立って尺八を吹き
心付けをもらう
禅宗の修行か

こむそう【虚無僧】
普化宗(ふけしゅう)の有髪の托鉢僧。天蓋という深編み笠をかぶり、絹の小袖に丸ぐけの帯をしめ、肩に袈裟をかけ、尺八を吹いて諸国を行脚、修行した。

一年も終わり
暮れの大売り出し

チンドン屋さん

太鼓や鉦《かね》やラッパ
三味線などを
にぎやかに演奏し
できる限り
目立つ装束で
練り歩く

子どもたちが
ゾロゾロついてくる

お正月

まず三番叟《さんばそう》
五穀豊穣《ごこくほうじょう》を祈って家々を回る

獅子舞は悪魔払いとや~
唐草模様の布を
かぶって下顎《したあご》を
カタカタ開閉
子どもにとって　コワ~イ
中に二人はいっていることも

さんばそう【三番叟】
能や歌舞伎などの芝居で序幕の前に祝儀として行う舞。五穀豊穣、子孫繁栄を祈って、正月になると玄関先に鼓などの楽器を手にした二人組が舞、うたい、万歳などを披露した。

角兵衛獅子《かくべえじし》

玄関前でひと踊り
角兵衛獅子

アラアラ　裸のおなかが……

いずれも
ご祝儀のおひねりを
頂いて歩く

越後から
親方に仕込まれた少年が
曲芸を見せにやってくる

少年たちは熱心に大道芸を
演じてみせるけれど
なんだか切ない

かくべえじし【角兵衛獅子】
越後獅子（えちごじし）の別称。越後国西蒲原郡からくる獅子舞。子どもが小さい獅子頭をかぶり、大人の鳴らす太鼓や笛に合わせて身をそらせ、逆立ちで歩くなどの芸をしながら諸国を巡業、金銭を乞うた。

のんびりした道路事情だから
車の排気ガスに悩まされることなく
道端に座り込んで作業する

傘修理屋さん

研《と》ぎもの屋さん

鋳《い》掛《か》け屋さん

「ものを大切に」精神は貧富を問わず
「消費は美徳」などとんでもない
「使い捨ては罪悪」——何でもとことん修理して
先祖代々使い込んだ道具をいとおしんで扱った
感謝と共に……
「勿体《もったい》ない、ものを大事にしないとバチが当たる」と
教えられたころ存在していた生業《なりわい》を思い出すまま

いかけ【鋳掛け】
なべ、かまなど、金属製の器具の傷んだところを、はんだなどで修繕すること。

羅宇《ラウ》屋《や》さん

定斎屋《じょうさいや》さん

煙管《きせる》の竹の部分は
ときどき交換したり
蒸気で掃除したり……
ピーッという蒸気の笛の音

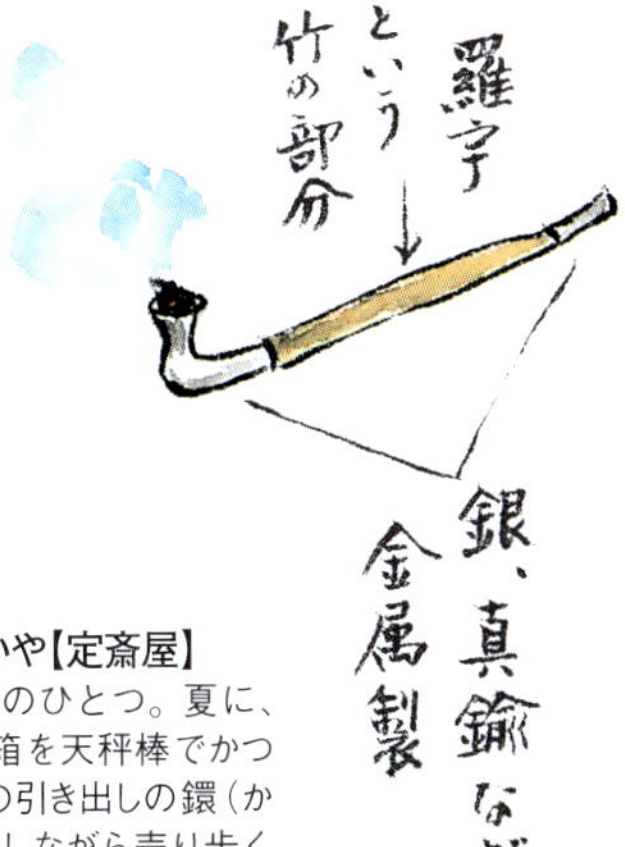

ラウ【羅宇】
(ラオス産の竹を用いたことから)きせるの雁首(がんくび)と吸い口とをつなぐ竹の管。ラオ。

じょうさいや【定斎屋】
売薬行商のひとつ。夏に、一対の薬箱を天秤棒でかつぎ、薬箱の引き出しの鐶(かん)を鳴らしながら売り歩く行商人。

定斎屋さんも同じような
引き出しのついた箪笥《たんす》を担いで
ガチャガチャガチャガチャ
歩調でリズムをとって歩く
引き出しの引き手が鳴る

汲《くみ》取《と》り屋《や》さん

都会のトイレが
水洗になる前
近郊農家から
牛車を曳《ひ》いて
汲み取りに
来てくれた

肥溜《こえだ》めに蓄え
腐らせて
野菜を育てた
土に返し循環

少年たちは家計を助けようと彼らなりに働いた

納豆売り

いちばん手近な
家計の助けは
朝の早い
納豆売りだったのか
登校前　家々の勝手口を回る
時には小さな弟妹がお兄ちゃんについて来る
いじらしさについお駄賃を包む

心も体も鍛えられる
よい仕事

新聞配達

元巨人軍の
川上監督はじめ
のちに立派に
身を立てた方も多い

新聞社も読者も
少年たちに支えられていた

牛乳配達

牛乳は
カルシウム補給に
最もよい食品と
いわれはじめ
少年たちの
活躍の場が広がる

オートバイでなく自転車だから
眠りから覚まされることもない
牛乳びんが触れ合う音は朝の心地よい音

火の用心

隣組の火の用心のお当番
子どもも一役
暗い夜道も
ぞろぞろ回れば
楽しいお手伝い
火の元注意も体験から

子守

子だくさんのあのころ
お姉ちゃんの子守は
当たり前
お手伝いをすることで
兄弟愛　親孝行の気持ちが
自然に身についた

道の商いの売り声

小沢昭一

昔は道を辿《たど》っての商いが盛んでした。

まだ暗い早朝、牛乳瓶をカタカタ鳴らして牛乳屋さんが、そして新聞配達が「ギューッ」としごく音をさせて朝刊を入れていく頃、納豆屋さんの「ナットナットーナット」の声。子どもの納豆売りも多く、「あの子が来てから買ってやんな」と子どものほうを待ちました。

豆腐屋さんはプープーとラッパを吹きながら「トーフィ、生揚げ、がんもどき……」。蜆《しじみ》売りが「あさり、しじみェィ」。……子どもがきっと真似して「アッサリ死んじまぇ」なんて言いました。研《と》ぎ屋さんが「ハサミ、包丁、バリカン、かみそり研ぎィ」。傘の修理屋さんが「傘やこうもりの直し」。車を引いて豆屋さんが「お多福豆ェー柔らかい豆ェ」。鋳掛《いか》け屋さんが「ええ、鋳掛け屋ィー」と威勢よければ屑屋さんは「くずやおはらいィー」とのんびり。

煙管《きせる》直しの羅宇《ラオ》屋さんはピーと蒸気で笛を鳴らして車を引いてきます。花いっぱいの車を引いた花屋さんは花バサミをカチカチ鳴らすのが合図。下駄の歯入れ屋さんは引き車に鼓《つづみ》をつけてポンポンポポンポンポン。おでん屋さんは大きな鈴をチリンチリン。薬売りの定斎《じょうさい》屋さんはかついでいる箪笥《たんす》の引き出しの取っ手がガッチャガッチャ。町の人々はみんなその音で何屋さんが来たと知りました。

夏ともなれば「金魚ェー金魚、メダカ、ヒメダカ、デメキン……」の金魚屋さん。「朝顔の苗やヘチマの苗ェー」の苗屋さん。「ええ、漬け梅《ツケンメ》〜」は、梅干しにする梅の実をザルにのせ、天秤棒《てんびんぼう》をかついできました。

子どもたちが学校から帰った頃は拍子木《ひょうしぎ》を、あるいは大太鼓を打って紙芝居屋さん。空き地では猿廻しが大きな輪に人を集めましたし、飴屋さんは頭の上に旗の立った平桶をのせて「エー早く皆出て飴買っておくれ、この飴なめたら寝小便が止まる」。またチンドン屋さんの行列には、子どもがゾロゾロ後をつけていったものです。

お正月ともなれば、萬歳《まんざい》、獅子舞、角兵衛獅子など年頭の祝福芸が朝早くから。その他さまざまな芸能も道を辿って訪れました。

日暮れともなると、いわし屋さんが「エーいわしェィ」。……もっとも売り声は地方、地域によってさまざまで、関西のいわし売りは「いわしやいわし、手々《てて》嚙《か》むいわし」なんて叫んでいたようです。夜は夜で、「火の用心」の拍子木の音。チャルメラを吹いてシナソバの屋台がくる。「ピーピピー」という笛の音は按摩《あんま》さんでした。

まだまだいろいろ、一日中、何かしら町に〝音〟が流れていたものです。

いま、それを〝街の風物詩〟と懐かしむ人もいるのですが、その一つ一つは、人の身すぎ世すぎの切ない稼業でもあったわけで、それがすっかり途絶えてしまったことは、むしろ喜ぶべきことでもありましょう。

でも、あの、人がケナゲに、汗水たらして一生懸命働いていた時代は、なんとも慕わしく思われますね。

（俳優）

第四章

二十一世紀に残したい
大切なこと

洋服や靴はお下がり、
遠足には水筒、おもちゃは修理、
そんなことが当たり前だった、昔の生活。
物を大切にして、ゴミを減らす、
日常の小さな心がけから
日本の再生は始まります。

物をとても大切にしていました
ゴミを減らすこと、考えてみませんか

遠足には水筒必携
自動販売機はない
缶のポイ捨ては
考えられない

大勢の兄弟姉妹
順ぐりのお下がり
洋服も靴も
ガボガボ、ヨレヨレ、テカテカ

学校が違っても
国定教科書は同じ
お古《ふる》がきく
兄姉から弟妹へ

赤ちゃんは一つ身、幼児は四つ身
大人の本裁《ほんだ》ち……と成長に合わせ
肩上げ腰上げ

一枚の布をやりくりして
いつまでも役に立たせる

ひとつみ【一つ身】
後ろ身頃を並幅（約36cm）いっぱいに裁ち、背縫いしないで仕立てた乳児用の着物。
よつみ【四つ身】
並幅の身丈の4倍の布で、前後の身頃、襟、おくみを裁って仕立てた着物。3、4歳～12歳くらいの子どもが着る。

洗いざらしの
浴衣《ゆかた》をほどいて
おむつを何組も作る

雨の日も
雪の日も
洗って干す。
紙おむつの
ゴミはなかった

食材はトコトン利用

干したり塩漬けしたり
刻んで根も葉も皮も使う
生ゴミは土に
お残りは家畜の餌に

下駄の歯が
すり減ると
入れ換える
鼻緒が切れると
すげかえて
また使う
素材は燃える
ものばかり

お習字は、切りそろえた新聞紙に
真っ黒になるまで練習して
最後に半紙にお清書

竹製

ちびた墨《すみ》、短い鉛筆も
つぎ足して
最後までトコトン愛用

家庭でも新聞紙は
収納、包装、敷く、
拭く、巻く、に大活躍

紙ヒコーキ

天井から
包装用に四ッ切り八ッ切り
新聞紙
草履《ぞうり》は
土に還《かえ》る

発泡スチロール、
プラスチックトレイ
なんかなかった

毎日の買い物
お店ではほとんど新聞紙で包む
新聞紙は二度のご奉公の後
タキツケ、ゴミとなる

のり
竹と紙の凧

バランスを考えて
よく飛ぶ工夫　ナイフも使える
一人で考える　困っていると
教えてくれるお兄ちゃんはエライ！
まぶしく見える

竹トンボ
糸巻　割箸　輪ゴム
の車

おもちゃもほとんど
木、紙、布、土、竹
ブリキ、セルロイド
人形病院という
修理屋さんで
直してくれた

新聞紙で折ったかぶと

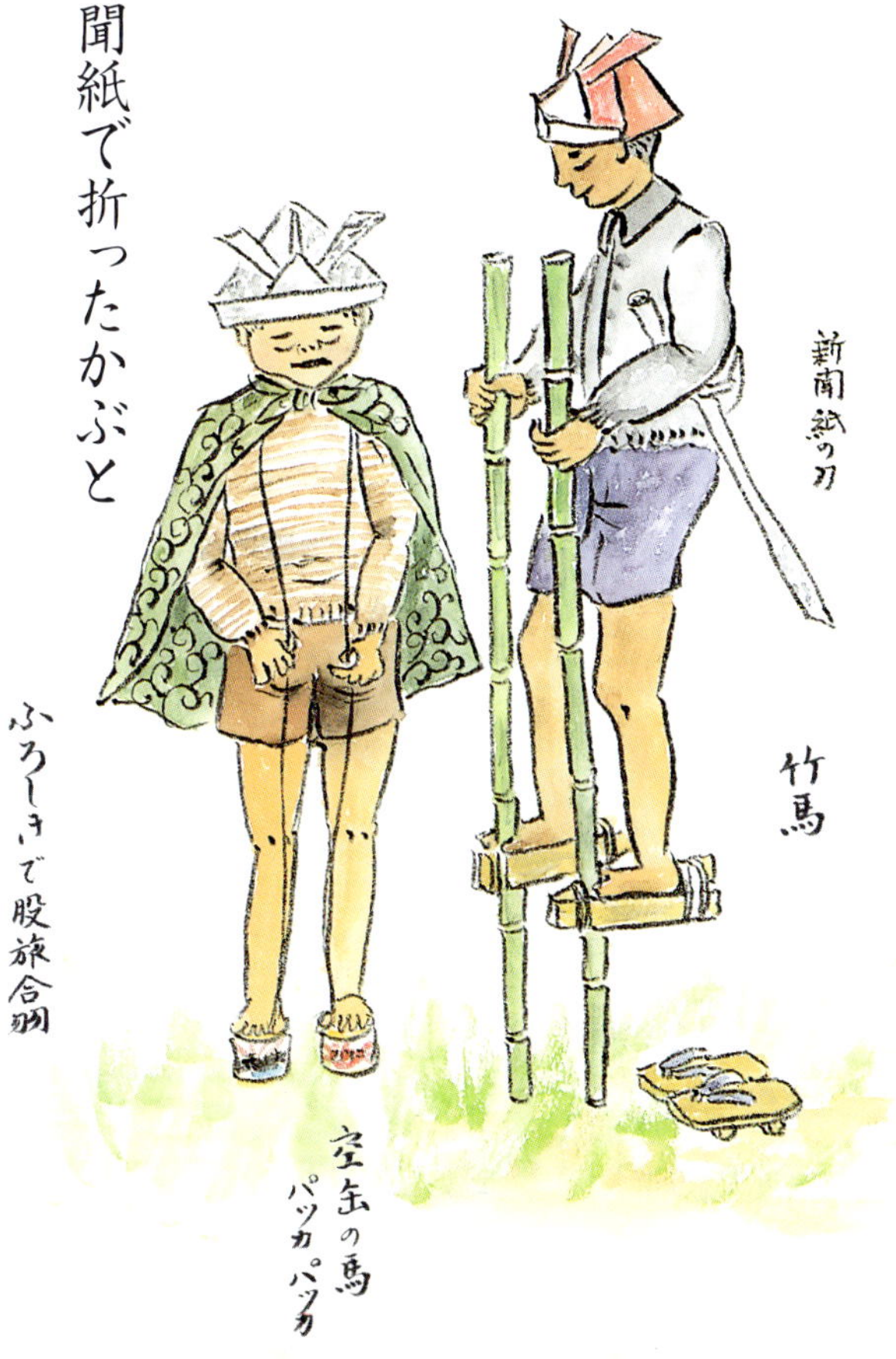
新聞紙の刀
竹馬
空缶の馬
パッカパッカ
ふろしきで股旅合羽

自分で考え自分で作る
材料も身の回りから探す
手先を動かす
足指も運動

かぶとの折り方

一、三角に折ります。
二、イ、ロを下のカドに合わせるように折ります。
三、イ、ロを上のカドに合わせるように折ります。
四、イ、ロのカドを横にひろげるように折ります。
五、上の一枚だけ途中まで折り上げます。
六、カドを結ぶ線でさらに折り上げ、二も内側に折り込みます。
七、両カドを折ったほうが、頭に安定します。
八、出来上がり。

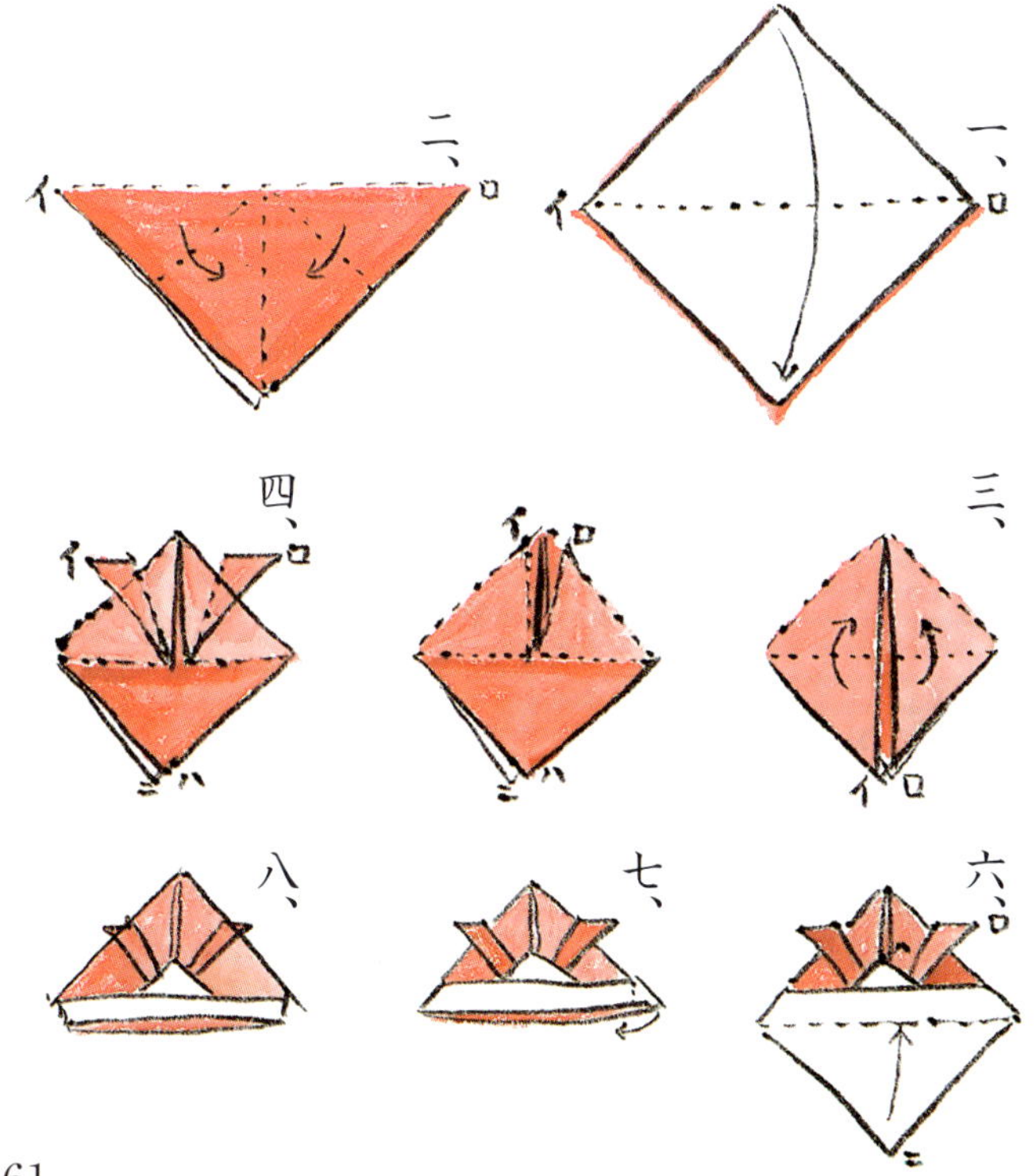
一、
イ
ロ
二、
イ
ロ
三、
イ
ロ
ニ
ハ
四、
イ
ロ
ニ
ハ
五、
イ
ロ
六、
ロ
七、
八、

荷物は
洗って何度でも使える
ふろしきで包むのが
当たり前

木綿、絹……時と場合を考えて

贈り物も
ふろしきで包む
過剰包装なんてしない

子々孫々、洗って使えるふろしきを見直したい

一升びん一本の包み方

一、一升びんをふろしきの中心に置きます。

二、一升びんのふたの上で、対角線の端と端を結びます。このとき、持ちやすいように、ふたと結び目の間を少しあけます。

三、残った端を打ち合わせ、後ろで交差させます。

四、前で結びます。

五、出来上がり。

一升びんは重くすべりやすく持ちにくいのですが、ふろしきで包むと意外に簡単で、運ぶのが楽です。

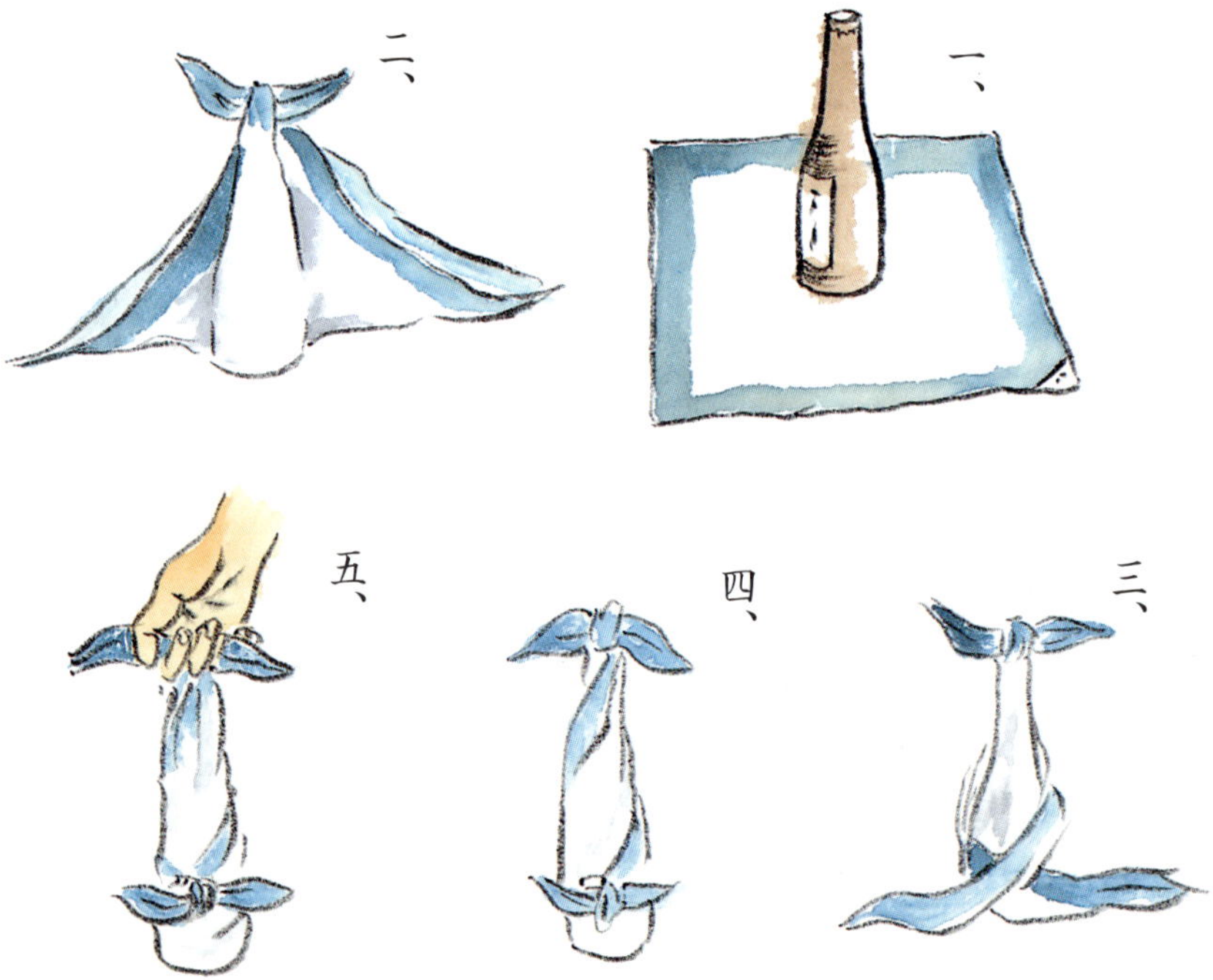

びん二本の包み方

一、包んでから、びんの底が安定するように
間隔をあけて置きます。
二、ふろしきを図のように手前に折ります。
三、びんの胴の部分を持ち、巻いていきます。
四、びんを立たせて、上で端を結びます。
五、出来上がり。

ビールやワインなどを運ぶときに便利です。

一、

二、

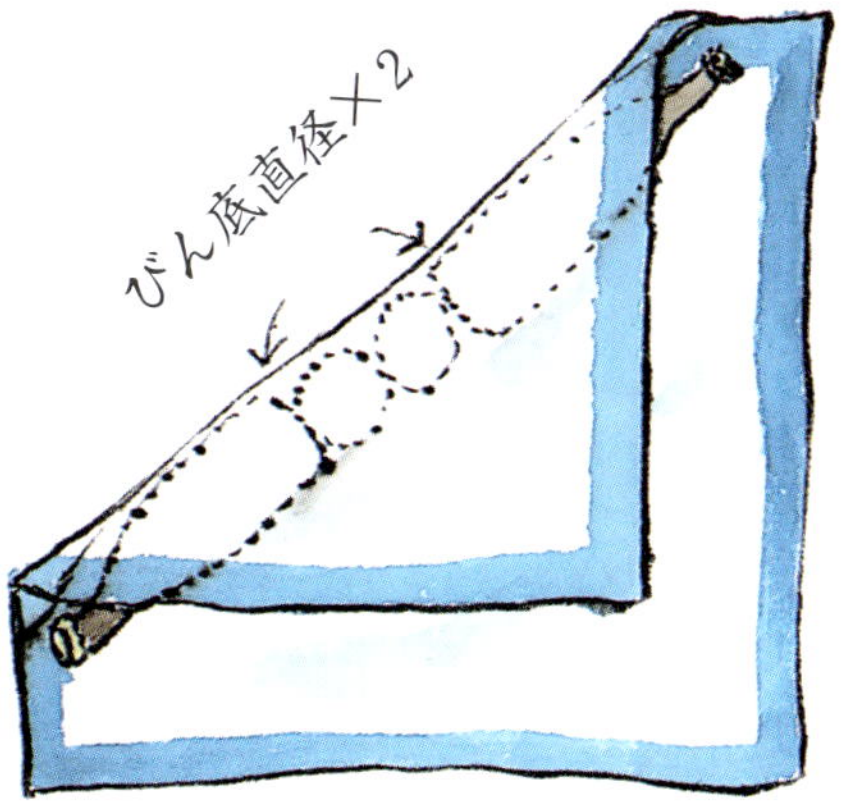

三、

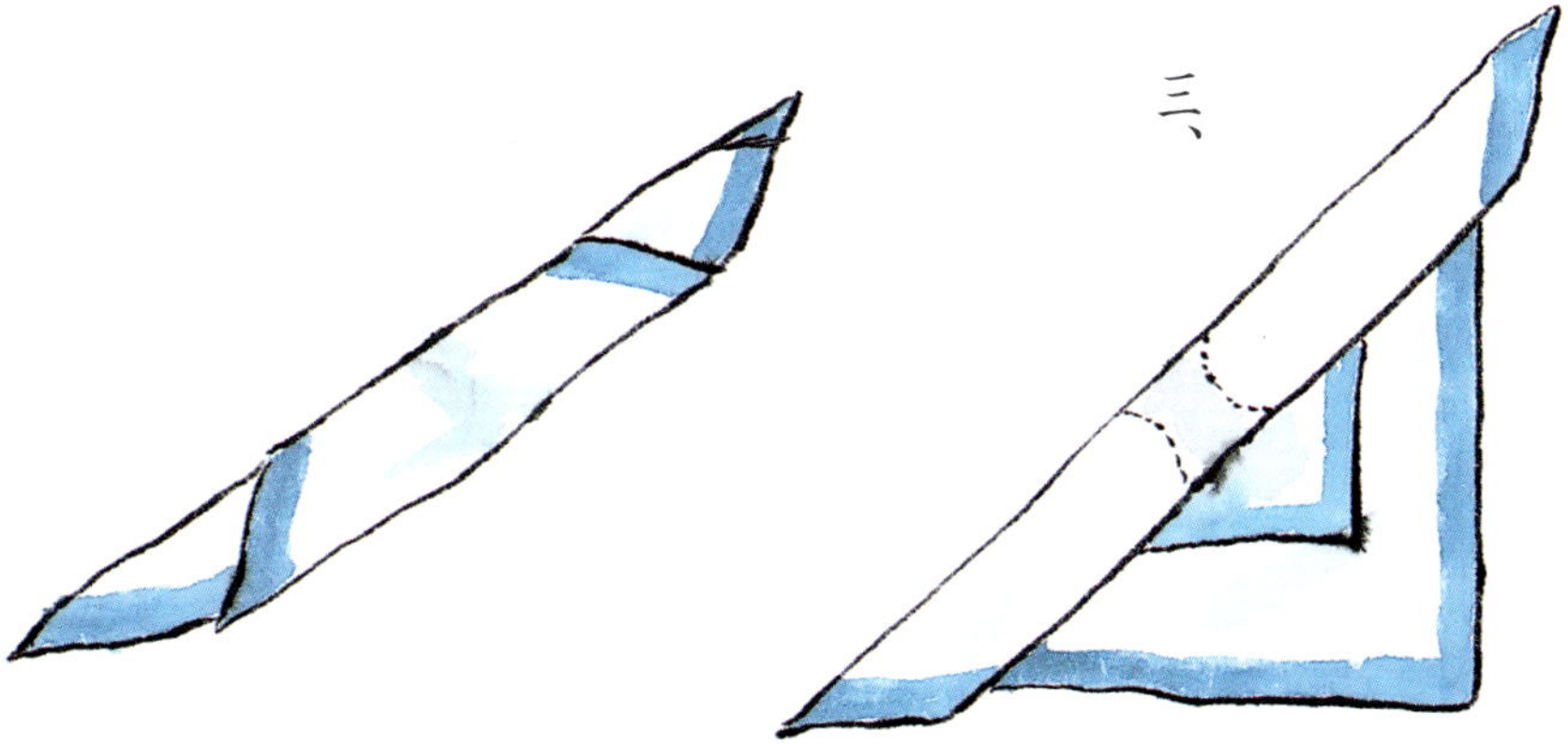

四、

五、

包むといえば皆、土に還る素材ばかり
紙、竹、葉、笹、木、藁《わら》、葦《あし》
燃やしてもダイオキシンなど出てこない

笹だんご

ちまき
羊羹《ようかん》
寿司

笹は
防腐の役も果たすという
昔の人はなぜ知っていたのかしら

竹の皮で包んだ
灰汁巻《あくまき》（鹿児島のちまき）

柿の葉寿司

柏の葉寿司

麸《ふ》まんじゅう

桜餅

柏餅

椿餅

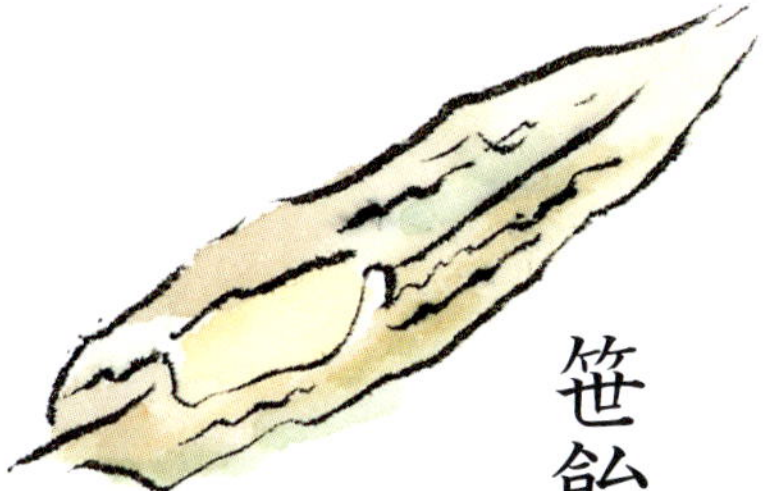

笹飴

竹の皮

菓子、肉、鳥、鰻《うなぎ》の蒲焼きを包む

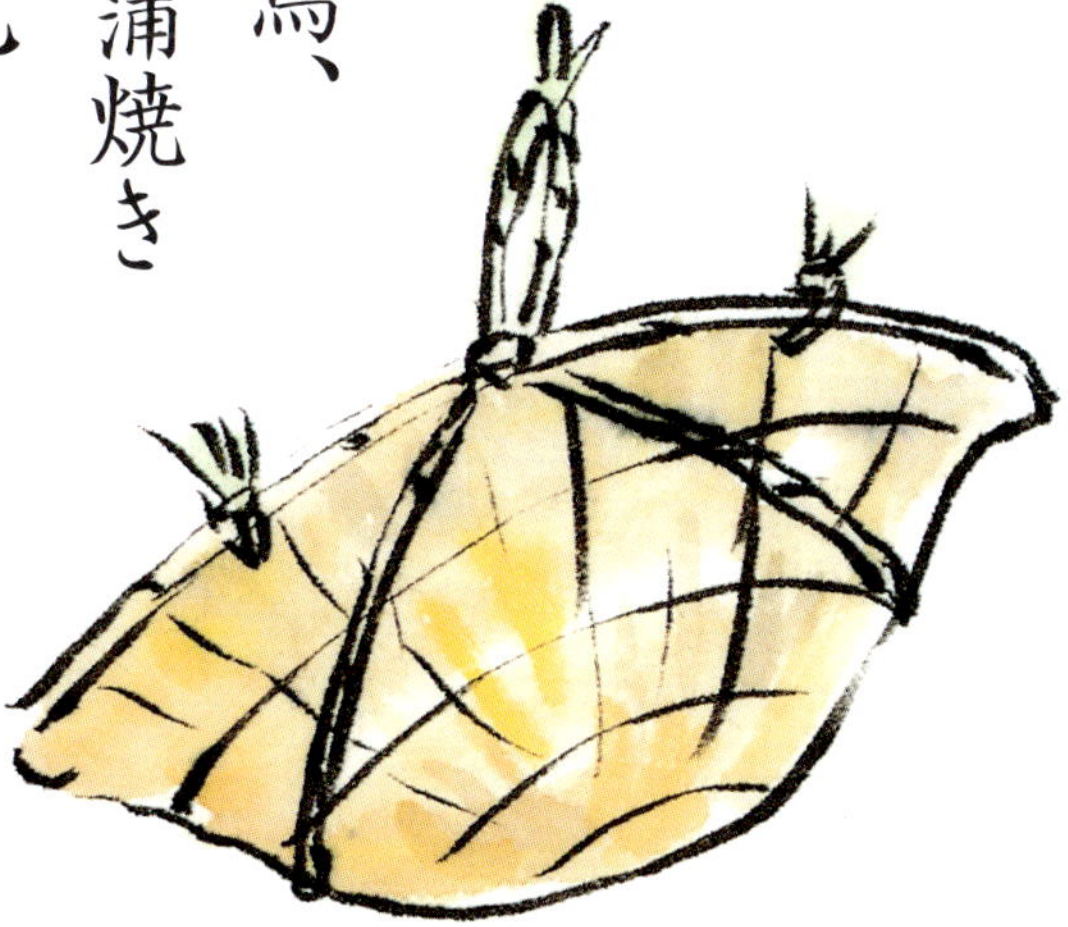

鯛《たい》の浜焼き

竹の皮

竹籠と竹筒

りんご、みかん、ぶどう

お正月の七草

京菓子や飴
七味唐辛子

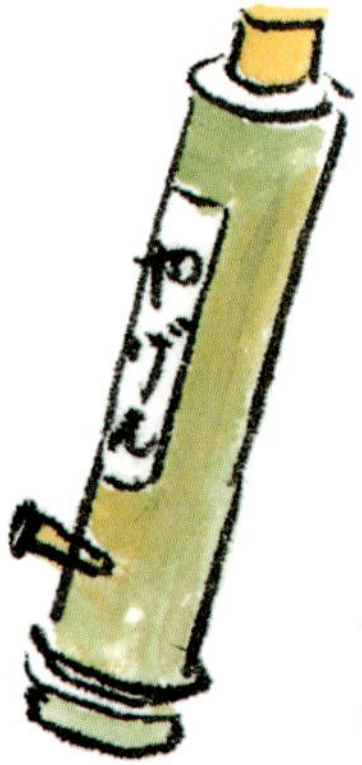

魚
干物

寿司

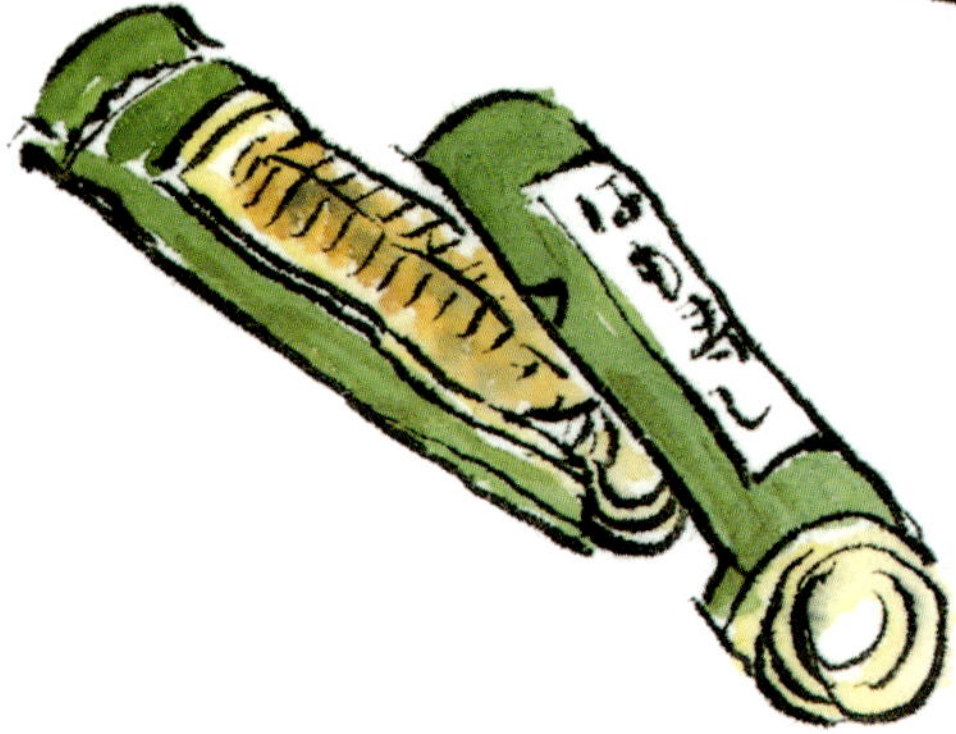

ちまき籠

藁《わら》も美しく仕立てて包装に使う

納豆

藁《わら》苞《づと》卵

高《こう》野《や》豆《どう》腐《ふ》
お餅など

車《くるま》海《え》老《び》
あご（飛魚）

出《で》平《びら》鰈《がれい》
干し鰈

押し寿司

しょうゆ

こもかぶり
（こもかぶり＝こもで
包んだ四斗入りの酒だる）

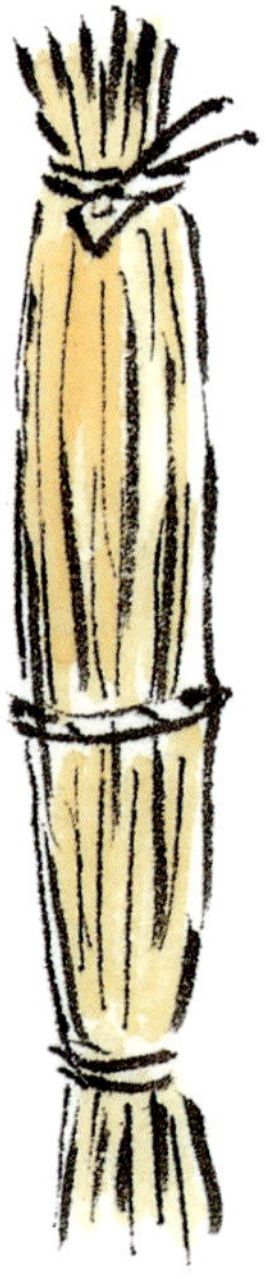

牛蒡《ごぼう》
蓮根

みそ

白酒

見事に洗練された感性から生まれた
芸術的ともいいたいデザイン
インテリアにしても邪魔にならず
しかも大地も大気もせせらぎも汚しはしない
日本文化の誇り、このままぶら下げ贈り物に

失いたくない、大切なもの

お百姓さん方に対する
人々の、感謝は
一方《ひとかた》ならぬものがあった

駅弁の楽しみは
まず蓋《ふた》に付いた
ごはんつぶを拾う
ことから……

このような心が働いていたから
ゴミの量が少なかったと
いえないかしら
母親の何気ない仕草の中から
子どもたちは　物に感謝することを
肌で感じて育った
捨てる前に再利用を考え
ふと手を止める
捨てることに
罪悪感を多少抱いて……

高度経済
成長期
河といわず
海にも
橋がかゝり
交通は
便利になる

豊かな緑の森、梢《こずえ》をわたる風
岩にせかれる清らかな流れ
いつでも故郷はそのふところに
迎えてくれると信じていたのに
　このごろゴミの山が目立ち、川が濁る
　里山の木々に立ち枯れが……
　何とかしなければ……
人口増加、経済成長、仕方がなかった
　でも今　何もしないでいては
　地球はおしまい！
ゴミについて昔から何か学べないかな

海には海霊
海のひゞき

瀧には
竜神の波動

戦後の日本人は
所得倍増の
目標に向かって
一生県命働いた
おかげで皆が一様に
中流意識を
持てるまでになった

でも、何か失われた
大切なものが……
しっとりした落ち着き
言葉を用いなくても
分かり合えたモノ

見えなくても
さわれなくても
自分を取りまいている
愛のひびきを感じて感謝している
ことさら「……しますように」と
おねだりしなくても感じている
守られているということを

野原にも
畑にも
ビルが建ち
生活は
文化的に……

かくして
コンクリートの
林になる

お荒神さま

井戸神さま

太陽、月、星、雨、風には、
おひさま、お月さま、お星さま、
竜神さま、風神さまと
「お」と「さま」をつけて親しみ
恩恵に自ずと手を合わせていた

あらゆる所に
満ちている超自然的
精霊に対する
素朴な感謝が
日常生活の
仕草の中にあった

からだの中の
「老廃物を無事に排泄」への
感謝なのだろうか
お正月には御不浄（ごふじょう）の神様にも
お榊（さかき）を供え
お礼の気持ちを表した
昔の心を もう一度考え直したい

衣服はほとんど
家庭で洗濯

傷《いた》んだ所を
繕って
やりくり

縫い直し
編み直し

布団の仕立て

綿は打ち直し
布団皮は洗い張り
部屋いっぱいに広げた皮に
ていねいに手際よく綿を入れる

石けんは
灰《あ》汁《く》や大豆油で
かためたもの

今、専業主婦が減って
安直にものを買い替える
昔、主婦の仕事はほとんど
傷みや汚れの修復整備
誰も特別認めてくれもせず
ことさら褒《ほ》められもしない
感謝の言葉も
期待できず
地味な仕事を
黙ってしていたけれど
家計の助けに
ゴミの減量に
大いに貢献していたのだろう
木、竹、土、紙、藁で
できていた住居が
鉄、セメント、石、
プラスチック、ガラス、
ビニール、発泡スチロールに
変わって耐久性抜群だけれど
産業廃棄物がふえ
自然還元ができなくなった
せめて家庭のゴミを
減らさなければ……
たとえささやかでも

あのころ年表

一九〇一年(明治34年)～二〇〇〇年(平成12年)

二十世紀という時代、百年間を、庶民の暮らし、風俗や世相を中心にまとめてみました。

●カフェーの移り変わり

一九一一年(明治44年)に東京・京橋に「カフェー・プランタン」「カフェー・パウリスタ」、銀座に「カフェー・ライオン」と相次いでカフェーがオープン。これらの店が繁盛したことにより、カフェーは全国に生まれていく。後に、着物に白いエプロンをつけた女給のサービスが評判に。女給が、女性の職業として人気が出る。昭和の初め頃になると、大阪の大資本のカフェーが、女給のエロチックなサービスで東京に進出をはかり、人気を得る。

●文化的生活へのあこがれ

一九二二年(大正11年)の平和記念東京博覧会で、文化住宅と名づけられた赤い瓦の洋風住宅が人気を集めた。関東大震災後に、住宅建築の中心になった同潤会(各地から寄せられた義援金を基に作られた)は、鉄筋コンクリートのアパートを東京の向島、代官山、青山などに建設。ガス、電気、水道、水洗トイレのついた近代的なもので、文化アパートといわれ、庶民のあこがれの的になった。さらに、同潤会はサラリーマン向けに和洋折衷型の木造住宅の分譲を開始。価格は二千二百円ぐらいで、中堅サラリーマンの平均年収の約二年分に相当した。また、文化台所、文化鍋、文化たわし、文化包丁など文化○○という言葉が流行。

●ラジオ放送開始

一九二五年(大正14年)三月一日、東京放送局がラジオの日本初のテスト放送を開始。当初の聴取料は一か月一円で、契約台数は三千五百台だった。鉱石ラジオの価格はセットで三十円以上もし、庶民には高嶺の花だった。ちなみに、小学校の男子教員の初任給は東京で二十五円。七月に本放送が始まり、読売新聞がラジオ欄を創設。一九二七年(昭和2年)に甲子園から野球中継を開始し、実況放送が始まる。また、国民の健康増進のためのラジオ体操は、一九二八年(昭和3年)の天皇即位の大礼の記念事業として始まった。のちに、国家総動員路線に組み込まれてゆくことになる。

●モボ・モガが銀座に出現

モボ・モガはモダンボーイ、モダンガールの略語で、西洋かぶれのハイカラといったような意味で、大正末期から昭和の初めに登場。

世相・風俗

- 一九〇二年(明治35年) 女子学生の間で前髪をゆったり庇《ひさし》のように突き出した、庇髪が流行
- 一九〇四年(明治37年) 与謝野晶子が反戦詩「君死に給ふことなかれ」を明星に発表 日露戦争での激戦地の名をつけた女性の髪型「二〇三高地髷《まげ》」が流行
- 一九〇五年(明治38年) 夏目漱石「吾輩は猫である」を発表
- 一九〇七年(明治40年) 車が増え、警視庁が自動車取締規則を制定
- 一九〇八年(明治41年) 女性の髪にリボン流行 『家庭之友』が『婦人之友』として新創刊
- 一九〇九年(明治42年) 調味料「味の素」発売
- 一九一一年(明治44年) 帝国劇場開場。第一回公演のプログラムに、「今日は帝劇、明日は三越」の名コピーが使われる 平塚らいてうが日本初の女性による文芸雑誌『青鞜』創刊
- 一九一四年(大正3年) 森永製菓が箱入りキャラメルを発売し、大好評 三越呉服店新装開店でエスカレーターが登場
- 一九一五年(大正4年) 電気アイロンによる前髪ウエーブが流行
- 一九一六年(大正5年) 『婦人公論』創刊。翌年『主婦之友』創刊
- 一九一八年(大正7年) スペイン風邪が流行し、マスクが普及
- 一九一九年(大正8年) カルピス発売(「初恋の味」のコピーは三年後より採用)
- 一九二〇年(大正9年) 平塚らいてう、市川房枝らが新婦人協会を組織 不況で失業者続出。「都合により解雇」という言葉が流行
- 一九二一年(大正10年) 三越が女子店員に制服制定。女子事務員の制服の始まり
- 一九二二年(大正11年) 産児制限運動指導者の米国人マーガレット・サンガー夫人が来日し、講演をする
- 一九二三年(大正12年) 丸の内ビルディング完成 山野千枝子、日本初の美容院を丸ビルに開店
- 一九二四年(大正13年) 産婦人科医、荻野久作「オギノ式避妊法」を発表 夏の女性の簡単服「あっぱっぱ」が流行し始める

社会の動き

- 一九〇四年(明治37年) 日露戦争始まる
- 一九一〇年(明治43年) 「大逆事件」の幸徳秋水ら逮捕。翌年処刑
- 一九一二年(明治45年・大正元年) 明治天皇崩御 陸軍大将乃木希典が妻と自宅で殉死する
- 一九一四年(大正3年) 第一次世界大戦始まる
- 一九一八年(大正7年) 米価高騰のため、米騒動が全国に起こる
- 一九二〇年(大正9年) 国際連盟成立
- 一九二三年(大正12年) 関東大震災

モボはもみ上げを顎までのばしてちょび髭、ダブダブのラッパズボン、ロイド眼鏡、モガは、ヒラヒラのロングスカートに短い髪にフェルト帽という格好で、昼から夕方にかけて銀座を闊歩した。画家の岸田劉生《りゅうせい》によって、「毛断」という字をあてられたという。また、エノケンこと榎本健一が「洒落《しゃれ》男」の中で「俺は村中で一番、モボだと言われた男」と歌っているように、全国に広がっていった。

●無声映画の弁士、楽士たちの転職

一九三一年(昭和6年)に、初の本格的トーキー映画「マダムと女房」が公開され、弁士や楽士は次々と職を失っていった。失業した弁士は紙芝居を始めたものが多かった。この頃、紙芝居に「黄金バット」が登場し、駄菓子屋から子供が寄り付かなくなったと苦情が出るほど、子供たちの人気を集めた。一方、楽士はチンドン屋といわれる、広告宣伝業に転身するものも多かった。また、弁士出身の徳川夢声は、古川緑波《ロッパ》らと一九三三年(昭和8年)に喜劇団「笑《わらい》の王国」を浅草常盤座に旗揚げする。

●カタカナ語禁止の時代

国民生活が戦時統制下に入り、外国風のカタカナの名前が改名させられた。一九四〇年(昭和15年)には不敬ととれる芸名や外国人のようなカタカナの芸名を改名せよと内務省から指示され、藤原釜足は藤原鶏太に、ディック・ミネは三根耕一になど十六人が改名。同年、タバコもゴールデンバットが金鵄《きんし》、チェリーは桜に改名。さらに、一九四三年(昭和18年)、英米語の雑誌名が禁止され、『サンデー毎日』が『週刊毎日』、『キング』は『富士』、『オール讀物』は『文藝讀物』などに改名。同年、スポーツ用語も日本語化に。野球のセーフはよし、アウトはひけに。ラグビーは闘球、ゴルフは打球に改名。また、野球の隠し玉は武士道に反するとして、禁止された。

●待ってました、ビアホール

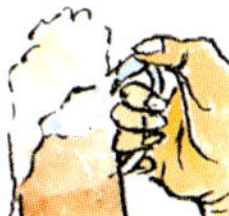

ビアホールが復活したのは、終戦から四年後の一九四九年(昭和24年)六月。東京都内では二十一か所で営業が開始され、午後二時から八時までで、値段は一杯(半リットル)百三十〜百五十円。同年、東京都が日雇い労働者の日当を二百四十五円と決めたことからも、ちょっと高いビール代だが、復活の日を待ったファンでにぎわった。

一九二五年(大正14年) ラジオ放送開始 『女工哀史』が出版され大反響

一九二六年(大正15年・昭和元年) 同潤会が東京向島に公営の鉄筋の文化アパートを完成。続いて、青山、代官山に

一九二七年(昭和2年) 芥川龍之介が自殺。享年三十五歳 モボ・モガ全盛

一九二八年(昭和3年) マネキンガール(今のファッションモデル)登場。以後、職業として独立する

一九三一年(昭和6年) 国産映画のトーキー化が始まり、楽士などがチンドン屋に

一九三二年(昭和7年) 日本橋白木屋で火事。和服で下着をつけていなかったため、見物人に見られることを恥ずかしがってロープをつたって降りるときに手を離した女性がいたため、以後ズロースが普及

一九三三年(昭和8年) 松竹少女歌劇団が待遇改善を要求して、ストライキ。男装の麗人水の江滝子を委員長に

一九三四年(昭和9年) 東北地方の凶作のため、娘の身売りが増加する

一九三六年(昭和11年) 阿部定事件

一九三七年(昭和12年) 千人針や慰問袋作りが盛んになる

一九三八年(昭和13年) 竹スプーン、木のバケツなど代用品が出回る。木綿は軍需用、一般用には粗悪な繊維のスフを

一九三九年(昭和14年) パーマネント禁止など生活刷新案決定

一九四〇年(昭和15年) 米、砂糖、マッチなど生活必需品が切符制になる。「ぜいたくは敵だ」の立て看板が立てられる

一九四一年(昭和16年) 六大都市で米が通帳配給制なる。大人一人一日約三百三十グラム

一九四三年(昭和18年) もんぺ、防空ずきんなどの非常時服装が普及 和服の長袖が禁止され、「決戦です。長袖を切りましょう」を合い言葉に、元禄袖奨励運動が盛んに

一九四四年(昭和19年) 建物疎開命令が東京、名古屋に。疎開をする人がますます増える

一九四五年(昭和20年) 並木路子の「リンゴの歌」が流行 各地に闇市が立つ　手持ちの晴れ着などを食糧に換える生活を「タケノコ生活」と言った

一九四六年(昭和21年) 『サザエさん』『夕刊フクニチに連載開始。三年後に朝日新聞に移る

一九四七年(昭和22年) 教育基本法・学校教育法公布 四月一日より小・中学校男女共学となり六・三制スタート

一九二六年(大正15年・昭和元年) 大正天皇崩御

一九二八年(昭和3年) 第一回衆議院議員普通選挙

一九二九年(昭和4年) 世界恐慌が起こる

一九三一年(昭和6年) 満州事変

一九三二年(昭和7年) 五・一五事件

一九三六年(昭和11年) 二・二六事件

一九三七年(昭和12年) 盧溝橋事件を発端に、日中戦争始まる

一九三八年(昭和13年) 女優岡田嘉子が演出家の杉本良吉とソ連に亡命

一九三九年(昭和14年) 第二次世界大戦始まる

一九四一年(昭和16年) 太平洋戦争始まる

一九四五年(昭和20年) 東京大空襲 広島、長崎に原子爆弾が投下された 日本が無条件降伏する 国際連合成立

一九四六年(昭和21年) 天皇人間宣言 日本国憲法が公布される。四七年五月三日から施行

●電化製品の家庭への普及

戦後間もない頃から、さまざまな家庭電化製品が発売され、一九五三年(昭和28年)は電化元年といわれた。大卒者の初任給は約一万円に届かないころだったが、一九五五年(昭和30年)の神武景気、加えて一九五六年(昭和31年)頃から月賦販売が普及したことにより、約二万円の電気洗濯機や十万円以上した電気冷蔵庫なども売れ始めた。一九五五年(昭和30年)には東京通信工業(現ソニー)から、日本初のトランジスタラジオが登場し、四年後の一九五九年(昭和34年)には一千万台を突破した。同じ年の皇太子結婚のテレビ中継をきっかけに、白黒テレビも一気に普及する。一九六六年(昭和41年)の新三種の神器を見ると、約十年間に生活に必要な電化製品が浸透し、生活を快適にするものへ興味が移っていったことがうかがえる。

●インスタント食品の登場

即席ラーメンの元祖は、一九五八年(昭和33年)に日清食品から発売された即席チキンラーメン。麺を丼に入れ、湯をかけるだけで三分後には出来上がるという手軽さで、爆発的な人気に(一袋三十五円)。その後、各社がいろいろな即席ラーメンを発売。一九六〇年(昭和35年)に森永製菓がインスタントコーヒー、一九六二年(昭和37年)に山印信州味噌がインスタント味噌汁を発売。さらに、一九六八年(昭和43年)にボンカレー、一九七一年(昭和46年)にカップヌードルが発売され、いずれもヒットして、インスタント食品は日本人の食生活に定着した。

●ミニスカートが大流行

ミニスカートブームは、一九六七年(昭和42年)にイギリスのファッションモデル、ツイッギー(華奢な体つきから、ツイッギー、つまり小枝ちゃんというニックネームがつく。本名はレスリー・ホーンビー)の来日で、一気に盛り上がった。記者会見での膝上三十センチの超ミニスカートが話題に。ブームの前兆として、その二年前の一九六五年(昭和40年)、帝人から「テイジンエル」という膝上十センチのスカートが発売されていた。

●家庭と学校の崩壊

一九八〇年代になると、子供が親に暴力を振るう、家庭内暴力が増えてきた。特に、一九八〇年(昭和55年)の金属バット事件は人々に大きなショックを与えた。一九八三年(昭和58年)に、登校拒否や家庭内暴力を起こす子供のために設立された戸塚ヨットスクールで、男子生徒が死亡し、戸塚校長が

一九五〇年(昭和25年)	年齢の数え方が満年齢になる 女性の平均寿命六十歳を超える(女性六十一・四歳 男性五十八歳)
一九五一年(昭和26年)	黒澤明監督の「羅生門」ベネチア国際映画祭でグランプリを受賞
一九五二年(昭和27年)	NHK連続ラジオドラマ「君の名は」大ヒット。翌年、映画も上映され、真知子巻きが流行する 手塚治虫が『少年』に「鉄腕アトム」の連載を開始
一九五三年(昭和28年)	三洋電機が国産初の噴流式洗濯機を発売。冷蔵庫は各社が発売したが、サラリーマンの平均月収の十倍以上だった
一九五四年(昭和29年)	冷蔵庫、洗濯機、掃除機が三種の神器といわれる(のちに掃除機が白黒テレビに)
一九五五年(昭和30年)	完全自動の電気炊飯器が東芝より発売されヒットする
一九五六年(昭和31年)	テレビの普及により、大宅壮一の造語「一億総白痴化」が流行
一九五九年(昭和34年)	週刊誌創刊ブーム。『週刊文春』『週刊現代』『少年サンデー』など
一九六〇年(昭和35年)	ラーメンやコーヒーなどインスタント食品が次々に登場する
一九六一年(昭和36年)	坂本九の「上を向いて歩こう」(永六輔作詞、中村八大作曲)が大ヒット、のちにアメリカでも「スキヤキ」というタイトルでヒット アンネ・ナプキン発売
一九六四年(昭和39年)	アメリカからティッシュペーパーが入ってくる。スコッティとクリネックスは箱入り化粧紙として発売
一九六五年(昭和40年)	膝上十センチのミニスカート発売。この後、大流行する
一九六六年(昭和41年)	カラーテレビ、カー、クーラーの3Cが新三種の神器といわれる
一九六八年(昭和43年)	「ボンカレー」が発売され、ヒット商品に。一食八十円
一九七〇年(昭和45年)	女性誌『an・an』創刊。翌年には『non・no』創刊。アンノン族を生んだ ご飯を炊いたままの状態で保温できる電子ジャーが象印より発売
一九七一年(昭和46年)	Tシャツ、Gパン、ホットパンツ流行 東京銀座の三越の一階にマクドナルド開店 容器に熱湯を注ぐだけのカップヌードルが日清食品から発売
一九七二年(昭和47年)	上野動物園でパンダ初公開
一九七三年(昭和48年)	石油ショックで、スーパーマーケットにトイレットペーパーの買いだめに客が殺到
一九七四年(昭和49年)	初のコンビニエンスストア、セブン-イレブン東京江東区に開店

一九五〇年(昭和25年)	朝鮮戦争始まる
一九五一年(昭和26年)	対日講和条約、日米安全保障条約調印
一九五五年(昭和30年)	自由民主党、日本社会党の二大政党による五十五年体制 神武景気が始まる
一九五七年(昭和32年)	なべ底不況が始まる
一九五九年(昭和34年)	皇太子(現天皇)ご成婚 岩戸景気にわく
一九六〇年(昭和35年)	日米新安全保障条約調印。反対デモが盛り上がる 社会党委員長の浅沼稲次郎が、右翼の少年に刺殺される
一九六四年(昭和39年)	東京オリンピック
一九六五年(昭和40年)	いざなぎ景気始まる
一九六八年(昭和43年)	三億円事件
一九六九年(昭和44年)	東大紛争で、機動隊が安田講堂の封鎖を解除
一九七〇年(昭和45年)	作家・三島由紀夫が、東京市谷の自衛隊駐屯地内で割腹自殺 大阪で万国博覧会
一九七一年(昭和46年)	沖縄返還協定調印。翌年、施政権が日本に返還され、沖縄県が発足
一九七二年(昭和47年)	浅間山荘事件

逮捕される事件もあった。また、前年、全国六百三十七校の中・高校の卒業式に、校内暴力に備え、警察が立ち入り警戒した。さらに、これらが収まりつつあった一九八五年(昭和60年)頃から、学校でのいじめの問題がクローズアップされ始めた。現在も、問題は続いている。

●子供の遊びを変えたファミコン

子供の遊びを変えた、ファミコン(主にテレビゲーム用の家庭向けコンピュータ)が任天堂から発売されたのは、一九八三年(昭和58年)。ファミコンの人気を決定的にしたのは、一九八五年(昭和60年)に発売されたゲームソフト「スーパーマリオブラザーズ」だった。小・中学生を中心にアッという間にブームになり、ゲーム機やソフト欲しさの恐喝などの犯罪も発生。また、外で遊ばなくなる、一人でも遊べるなど、子供の遊びが明らかに変化していった。そして、プレイステーション、ドリームキャストなどの新しいゲーム機も登場、ゲームソフトも増え、ますますゲームの世界は広がりつつある。

●はかなく消えたバブルの夢

一九八七年(昭和62年)頃の都心の地価の値上がりはすさまじく、東京都の平均上昇率は五十三・九%になった。急激な円高、ドル安になり、地上げ屋という言葉も流行する。お金のある企業が、海外の高価な名画を買うことも多々あった。一九九〇年(平成2年)末になると、そろそろバブル経済に陰りが見え始め、年末の株価が一年前の年末の史上最高値の頃と比べると、四割も落ち込む。一九九二年(平成4年)には株価は六年四か月ぶりに一万五千円を割り、大蔵省が都市銀行二十一行などの不良債権が十二兆三千億円だと発表する。バブル経済は崩壊し、その後厳しい不況の時代に突入する。

●ブーム作りは女子大生から女子高生へ

一九八〇年代、話題の中心は女子大生が多かったが、バブル経済が崩壊すると、ブームの中心は女子高生に移行する。彼女たちの三種の神器は名刺、ポケベル、口紅。使用済みの下着などを売るブルセラショップ、ルーズソックス、制服、コギャル、援助交際、ガングロ、ヤマンバメイクなど、流行語になるものにはほとんど女子高生が絡んでいた。

一九七六年(昭和51年) 鹿児島県で日本初の五つ子誕生。排卵誘発剤に関する議論盛んに

一九七七年(昭和52年) 平均寿命が男性七十二・六九歳、女性七十七・九五歳で世界一となる

一九七八年(昭和53年) 郊外型のファミリーレストラン盛況

一九七九年(昭和54年) EC委員会の文書で日本を「ウサギ小屋に住む仕事中毒者の国」としていることが判明

さだまさしの「関白宣言」大ヒット

一九八〇年(昭和55年) 山口百恵、結婚のために引退

一九八一年(昭和56年) 黒柳徹子著『窓ぎわのトットちゃん』が戦後最大のベストセラーに

一九八三年(昭和58年) NHKの連続テレビ小説「おしん」大人気に

東京ディズニーランド開園

一九八五年(昭和60年) TBSのドラマ「金曜日の妻たちへ」を略して金妻(不倫の意味)、"家庭内離婚"という言葉が流行

一九八六年(昭和61年) 葬式ごっこなどのいじめによって、東京の中学生が自殺

一九八七年(昭和62年) 安田火災海上保険がゴッホの「ひまわり」を五十三億円で落札

石原裕次郎死去

一九八八年(昭和63年) 子連れ出勤の是非をめぐり、アグネス論争が盛んになる

一九八九年(昭和64年・平成元年) 美空ひばり死去

福岡で、日本初のセクシャル・ハラスメント訴訟

一九九〇年(平成2年) 松下電器産業がファジー家電の第一号として全自動洗濯機を発売

一九九二年(平成4年) 歌手で女優の桜田淳子、元オリンピック選手の山崎浩子、が統一教会の合同結婚式に参加

一九九四年(平成6年) 日本人女性初の宇宙飛行士向井千秋、スペースシャトルで宇宙へ飛ぶ

永六輔著『大往生』がベストセラーに

一九九六年(平成8年) 映画「男はつらいよ」の寅さん役、渥美清死去

一九九八年(平成10年) 和歌山県で毒入りカレー事件。容疑者は別件で保険金殺人の疑いも。その後、保険金目当ての殺人事件が全国で次々に

一九九九年(平成11年) プロ野球選手の松坂大輔が最多勝と新人王のタイトルを獲得。歌手の宇多田ヒカルのデビューアルバムが日本で最多の七百五十万枚突破。十代の二人が活躍

二〇〇〇年(平成12年) 十七歳の少年によるバスジャック事件。この年、十七歳の少年による犯罪が多発。社会問題に

一九七六年(昭和51年) ロッキード事件

一九七八年(昭和53年) 日中平和友好条約調印

成田空港開港

一九八〇年(昭和55年) 神奈川県で予備校生が金属バットで両親を撲殺

一九八三年(昭和58年) 日本初の試験管ベビー(体外受精児)誕生

一九八四年(昭和59年) グリコ・森永事件

一九八五年(昭和60年) 群馬県山中に日航ジャンボ機墜落

一九八六年(昭和61年) 日本初の女性党首誕生。土井たか子が社会党委員長に

一九八八年(昭和63年) リクルート事件

一九八九年(昭和64年・平成元年) 昭和天皇崩御

三%の消費税導入

一九九三年(平成5年) 皇太子ご成婚

一九九五年(平成7年) 阪神淡路大震災

地下鉄サリン事件

一九九六年(平成8年) 消費税五%に

一九九七年(平成9年) 銀行、証券会社の破綻が相次ぐ

一九九九年(平成11年) 茨城県東海村の原子力関連事業所で日本初の臨界事故

不況のため、リストラ、倒産、失業者急増

二〇〇〇年(平成12年) 香淳皇后崩御

沖縄サミット

あとがき

昭和の御代《みよ》は私の数え四歳（戦前は個々の誕生日に関係なく、お正月に国民一斉に年齢を増す）のときに始まりました。貧乏華族の娘として育った母は、父正雄との新婚時代を舅（渋沢栄一）の邸内に住み、その薫陶を受けました。私の生まれたのは、世界的大恐慌の煽《あお》りを受け、父の始めた貿易事業が倒産し生活を縮小したころでした。慎ましい生活ぶりが身についた母がきりもりする我が家は、東京のはずれ飛鳥山《あすかやま》の栄一の家のすぐ傍でした。戦前の時代背景や教育上の心掛けとしてか、決して日常生活は贅沢ではなく、それでも子どもたちは何の不安も不満もなく成長しました。

私は、やがて軍事色の濃くなっていく中で結婚。戦争中続けて出産、空襲に追われ、未知の山村に夫と離れ疎開、戦中戦後の窮乏生活のなかで三児を育てました。終戦の翌年、敗戦の将として戦地から帰還した舅の始めた仕事も二〜三回倒産、十年の闘病後他界しました。残された姑とともに過ごしたのは十五年、八十五歳で見送りました。

平成十一年、五十八年連れ添った夫は、本人の希望通り自宅で療養の上、大往生しました。その看病の一環として一緒に楽しんだ絵巻物を描きながら、はからずも「私の昭和」を考える心境になりました。

激動の昭和は、次第に深みにはまり込む戦争、不足だらけの生活、空襲、終戦、筍生活と、私もご多分に漏れず変化のある環境の中での生活を余儀なくされました。その中で悲しんだり不安を感じたり、焦ったり妬《ねた》んだりもしましたが、次第に、こんな環境での生活を経験したからこそ身につけてきたものは、かけがえのない「私の宝」なのだ、と気がつきました。これからの時代を担う方々に、そんな私が経験からつかんだものをご参考までにお伝えするのも、人生の先輩としての役割のような気がして、絵には描けませんでしたことを、あとがきの締め括《くく》りにさせていただこうと思います。

戦争……どこから考えてもこれほど阿呆らしいものはない！

結婚相手……もともと「好き好き！」から始まるのだけれど、いいことばかりの連続とはいきません。不都合な事態のなかでこそ、お互いの愛が確かめられ、お互いが足りないところを補い合い磨き合う大事なパートナーなのだ、と気がつくのが早い人は賢い人です。

出産……感動。これほど宇宙の神秘に感動し、識《し》れば識るほど驚かされることはない！

育児……「可愛い可愛い！」から始まるのだけれど、子どもの成長と共に思うようにならない事態になります。そのときこそ「自然の恵みによって、親にならせていただいて、親という立場を通して心を育ててくれてありがとう」と感謝の気持ちが湧いたら、初めて親として及第。そのとき子どもの情緒も安定します。

家族……血縁という逃げられない間柄の中で、一番やさしい初歩的な愛を育て深めていくサークルだと気付かされるでしょう。愛と情愛、困るのは愛情と間違えやすい執着や愛欲。それらを冷静に心得て、より純粋に近づける家族という存在は大事な縁《えにし》です。

死……早かれ遅かれこの世を卒業して次の段階へと移って行くときがあるのだ、と肚《はら》を据えさせられます。日々置かれた環境の中で愛の練習を重ね、少しでも心をグレード・アップさせて「天寿全う」というのが一番望ましい「自然死」というべきでしょう。めでたく卒業と納得いく死ばかりではなくても、それぞれ自分にとって経験しなくてはならないものとして、受け入れる心の準備ができるまでには、長い時間が必要です。

人生というものは思い通り楽しいことばかりではないけれど、この世に生まれて難しい応用問題を解きつつ、自分に必要な「愛の練習」をさせていただいているのだと、感謝で受けとめられるようになると、すべてすんなりとパス。毎日爪が伸び髪が伸びるのは、六十兆の細胞のDNAが、絶えずコピーを繰り返し新陳代謝している証拠とききました。傷がついたDNAがコピーを繰り返すと癌《がん》が大きくなるように、人生のいろいろな場面で自分を客観視して、「自分の心の癌細胞が殖《ふ》えていないか」「愛が失われていないか」覗《のぞ》いてみる余裕ができるのも、長く生きてこそ得られる知恵といえましょう。年を重ね、この世の卒業の日までの残り時間、どれだけ感謝の気持ちでパスできるようになるか、これこそ……人生の醍醐味といえましょう。

主人と二人で、遠い記憶を辿《たど》って綴った“思い出スケッチ”は多少記憶違いのところなど、お気づきかもしれません。ご家族でそれも話題の種にされ、盛り上がることを期待してお許し願います。拙い私のいたずら描きを後押ししてくださり、心のこもった編集、校正にご苦労をお掛けいただいた小学館の皆様に、言い尽くせない感謝を以て「ありがとうございます」と申し上げます。

二〇〇〇年　八月　鮫島純子

●著者紹介

鮫島純子（さめじま　すみこ）

大正11年、東京で生まれる。昭和17年、結婚。夫の勤務地（三菱重工名古屋）で子どもを抱え大空襲にあった経験をもつ。夫の退職後、夫婦で国内外をスケッチ旅行して楽しむ。平成11年、夫の希望によって自宅介護、見送る。10年余、水墨画の目黒巣雨氏に師事。

●本書は、環境にやさしい再生紙を使用しています。

●**おことわり**

本文中に「おこもさん」「チンドン屋さん」のように、現代では差別用語的表現とされる表記がありますが、その時代の生活背景を忠実に再現するために、あえてその当時の表現のまま収録いたしました。

なお、当時の風俗、道具など、著者の幼いころの記憶をもとに構成しました。細部にわたっては多少省略させていただきましたので、ご了承ください。

●**年表／参考文献**

『昭和・平成家庭史年表』『明治・大正家庭史年表』（河出書房新社）、『昭和・平成現代史年表』（小学館）、『別冊朝日年鑑早わかり20世紀年表』『朝日クロニクル週刊20世紀』（朝日新聞社）、『20世紀フォトドキュメント第3巻 生活と風俗』（ぎょうせい）、『昭和史の事典』（東京堂出版）、『検証戦後50年 4 文化編』（サンドケー出版局）

●**協力**

「昭和のくらし博物館」館長／小泉和子

あのころ、今、これから…

2000年9月20日　初版第1刷発行
2001年4月10日　　第6刷発行

著者　鮫島純子

発行者　柳町敬直
発行所　小学館
〒101-8001　東京都千代田区一ツ橋2-3-1

編集／03-3230-5118　制作／03-3230-5333　販売／03-3230-5739
振替／00180-1-200
印刷所　凸版印刷株式会社

Printed in Japan ISBN4-09-681331-1

Editor in Chief　倉橋惠理佳
Planning & Editorial　ジーブレイン
Creative Director　山田恵子
Cover Design & Art Associates　池田秀子　“k”三浦
Special Collaborate　“foo”大橋
Editor & Proofreader　布川智子　田中祥子
Photographer　吉村隆一
制作／苅谷直子　直居裕子
宣伝／青島明　販売／広幡文子